# *La Autoridad del Creyente*

## Andrew Wommack

Título en inglés: *The Believer's Authority*
ISBN  978-1-59548-136-8
Copyright © 2008 por Andrew Wommack Ministries, Inc.
P.O. Box 3333
Colorado Springs, CO 80934-3333


Traducido por: Citlalli Macy y René M. Tapia
Edición en Español Copyright 2008

# Contenido

# Introducción

La mayoría de la gente tiene un punto de vista humanista respecto al funcionamiento de la vida. Aunque a los Cristianos no les gusta esta terminología, muchos de ellos operan día tras día con esta mentalidad. Como sólo ven las cosas superficialmente, no reconocen el ámbito espiritual detrás de todo esto.

Los humanistas no reconocen a Dios. Por lo general, son agnósticos o ateos—creen que todo en la vida tiene un origen natural y físico. Es triste decirlo, pero muchos Cristianos tienen esta misma actitud. No se dan cuenta de las dinámicas espirituales que están detrás de lo que está sucediendo en el ámbito físico.

¡Estamos en una batalla espiritual! Cada día, en el ámbito espiritual hay una batalla espiritual en apogeo por el corazón de cada individuo, por la sociedad, y por el mundo en general. Dios está tratando de atraernos hacia Él y hacia la justicia. Está tratando de influenciarnos para vivir en acuerdo con Él, para que Sus bendiciones puedan manifestarse en nuestras vidas. Al mismo tiempo, Satanás está tratando de robarle nuestros corazones a Dios. En esta intensa batalla en contra del Señor y de su reino, el enemigo está depositando en nuestras vidas toda la basura y la corrupción que puede.

La mayoría de nosotros—inclusive los Cristianos—no reconocemos la intensa batalla que está en su apogeo todos los días a nuestro alrededor. No reconocemos la importancia de nuestras elecciones, palabras, y acciones. Somos ignorantes de cómo en la práctica estas cosas determinan si estamos sometidos a Dios y desatando su poder y bendición en nuestra vida, o sometidos a Satanás y desatando el pecado y la muerte en nuestra vida (Ro. 6:16).

El diablo no puede controlarte en contra de tu voluntad. Sin embargo, si tú no te das cuenta de la batalla y no la comprendes, él sacará ventaja. Si tú escoges  creer La Palabra de Dios y aprendes a reconocer lo que está sucediendo en el ámbito espiritual, puedes empezar a tomar un curso de acción apropiado para mejorar tu situación. Puedes cooperar con Dios para manifestar Su poder y Sus bendiciones.

*Someteos, pues, a Dios; resistid al diablo, y huirá de vosotros.*

Santiago 4:7

Tú *puedes* resistir al diablo, y él *huirá* de ti. Sin embargo, tu pasividad y falta de resistencia no significa que la batalla no está en apogeo. Sólo significa que no estás ganando. Satanás te está venciendo en esta área.

La revelación de La Palabra de Dios que este libro encierra tiene el potencial de transformar tu vida. Conforme empieces a comprender  y a ejercer tu autoridad como creyente del Señor Jesucristo, Satanás huirá y el poder de Dios y Sus bendiciones se manifestarán en tu vida como nunca lo han hecho.

# Capítulo 1

## Estamos en una Batalla Espiritual

*Por lo demás, hermanos míos, fortaleceos en el Señor, y en el poder de su fuerza. Vestíos de toda la armadura de Dios, para que podáis estar firmes contra las acechanzas del diablo. Porque no tenemos lucha contra carne y sangre, sino contra principados, contra potestades, contra los gobernadores de las tinieblas de este siglo, contra huestes espirituales de maldad en las regiones celestes.*

Efesios 6:10-12

La Palabra de Dios revela que no estamos luchando en contra de carne y sangre, sino en contra de poderes demoníacos. Nuestra lucha no es en contra de la gente, sino en contra de las fuerzas espirituales que los influencian. Sin embargo, la mayoría de nosotros sencillamente no reconocemos la influencia del ámbito espiritual en lo que ocurre en nuestra vida diaria. Pensamos que lo que sucede es solamente natural; pero el diablo está ocupado influenciando a la gente todos los días.

No tiene sentido discutir si un individuo está poseído, oprimido, o simplemente deprimido. Cuando el Nuevo Testamento se refiere a alguien como "poseído por un demonio", en griego la palabra poseído literalmente significa "endemoniado". Esa persona está bajo la influencia—y por lo tanto bajo el control—del diablo. La controversia sobre si alguien está poseído, oprimido, o simplemente deprimido no existe en Las Escrituras. La verdad es que la gente en todo el mundo hoy en día está siendo influenciada, controlada, y usada—en diferentes niveles—por el diablo.

## LA PERSPECTIVA ADECUADA

Muchos occidentales creen honestamente que todos los demonios están por allí en algún país subdesarrollado. Pero cualquiera que tenga percepción espiritual sabe que la actividad demoníaca abunda en cualquier parte del mundo, incluyendo el occidente. Sólo que nosotros nos inclinamos a ver las cosas como normales y naturales. Perdemos de vista el hecho de que el origen de muchas cosas que suceden en nuestro día—cosas que nos molestan y nos atacan—son espirituales. Fallamos porque no reconocemos la influencia espiritual que está detrás de eso.

Sin embargo, si tú adoptaras una mentalidad bíblica, eso significaría una enorme diferencia en tu forma de reaccionar. Reconocerías que no es la persona que se sienta a tu lado en el trabajo, tu vecino, tu cónyuge, ni tus circunstancias lo que verdaderamente está en tu contra. Esas personas pueden ser influenciadas, inspiradas, y usadas por Satanás, pero no son la causa de tus problemas. Cuando verdaderamente comprendas que ésta no es una batalla en el ámbito físico, cambiará tu manera de reaccionar.

Yo recibo muchas cartas con críticas por las cosas que digo. Hubo un tiempo cuando tomaba esas cosas en forma personal y pensaba: "¿Por qué esta persona está tan enojada conmigo?" Veía eso y siempre trataba de enfrentarlo en el ámbito natural. Desde entonces, he podido reconocer que Satanás es el que está tratando de distraerme de lo que Dios me pidió que hiciera. Simplemente reconozco que el enemigo está usando a esa persona para atacarme. Él está tratando de efectuar una incursión en mi vida para poder robarme La Palabra de Dios (Mr. 4:17). Pero como veo más allá de la persona y no lo tomo en forma personal, puedo ver las cosas objetivamente y puedo tratar con eso de una forma diferente.

Hasta he tenido buenos amigos que me han atacado. Aunque me hicieron cosas muy malas, he sido capaz de ignorarlo y perdonarlos. Me di cuenta que tenían alguna debilidad en algún área y que Satanás se aprovechó de eso y los usó en mi contra. No he estado enojado con ellos porque comprendí lo que el diablo estaba tratando de hacer. Ahora, ellos han cambiado de opinión y se han dado cuenta de lo que sucedió. Hemos sido capaces de restaurar nuestra amistad por completo porque reconocí que no eran solo esas personas, sino Satanás el que estaba tratando de atacarme.

## SATANÁS USA A LA GENTE

Jesucristo demostró este punto de vista. Él sabía cuándo el diablo estaba tratando de atacarlo a través de alguien.

Después de que Pedro—bajo la influencia de Dios—reconoció que "Jesucristo es El Cristo, el Hijo del Dios viviente" (Mt. 16:16), el Señor empezó a explicar a Sus discípulos Su cercana crucifixión, muerte, y resurrección. Inmediatamente Pedro empezó a reconvenirle, diciendo:

*Señor ten compasión de ti; en ninguna manera esto te acontezca.*
Mateo 16:22

Aparentemente Pedro no escuchó la declaración de Jesucristo de que resucitaría al tercer día. Pedro ni siquiera quería pensar en la posibilidad de que su amado Señor fuera capturado y ejecutado. Pedro era la misma persona que hacía unos momentos había sido inspirada y controlada por el Espíritu Santo. Sin embargo ahora Jesucristo...

*Volviéndose, dijo a Pedro: ¡Quítate de delante de mí, Satanás!; me eres tropiezo, porque no pones la mira en las cosas de Dios, sino en las cosas de los hombres.*

Mateo 16:23

El Señor se dio cuenta que Satanás lo estaba reconviniendo a través de Pedro. Esto no era algo que viniera de parte de Dios. Jesucristo sabía que eso no coincidía con lo que el Padre claramente le había revelado sobre Su voluntad. Así que aunque Pedro acababa de declarar una gloriosa revelación a través del Espíritu Santo, Cristo supo que, en cambio, la inspiración de aquella reconvención venía del infierno.

Hay veces que el diablo te habla a través de otras personas. Él usará a la gente para atacarte. Por supuesto, ellos podrían no ser conscientes de que Satanás los está usando.

Probablemente Pedro estaba asombrado, herido y ofendido cuando Jesucristo se dirigió hacia él y dijo: "¡Quítate de delante de mí, Satanás!" Sin embargo, en algunas ocasiones tú también debes reprender al diablo de esa manera.

## ¿DE QUIÉN ES ESA VOZ?

No me malinterpretes y pienses que eso te da derecho para andar por ahí reprendiendo a la gente. No estoy diciendo que deberías reprender a todo aquel que no esté de acuerdo contigo diciéndoles: "Tú eres del diablo. Satanás te está usando en mi vida". Eso no es lo que te estoy comunicando. Simplemente necesitas reconocer que tanto Satanás—como Dios—pueden hablar a través de las personas y usarlas en tu vida. Como Jesucristo necesitas discernir de quién es la voz que estás escuchando.

Hace más de treinta años, mi madre quería llevarnos a mi esposa Jamie, a mi hijo mayor (que en aquel entonces tenía un año de edad), y a mí a las *Smoky Mountains*. Esto sucedió en la época de "nuestra pobreza". Jamie y yo no teníamos dinero, pero como mi mamá se ofreció a pagar todo el viaje, decidimos ir.

En esa época, mi mamá acababa de empezar a tener fe en Dios para recibir sanidad. Se había sentido derrotada porque todavía no había visto la manifestación de algunas cosas por las que ella había estado orando. Debido a esto, mi mamá estaba dudando si "la sanidad por fe" verdaderamente funciona. Desde aquel entonces, ella ha cambiado de opinión y ha recibido curaciones maravillosas. Esto sucedió en los comienzos de nuestro ministerio, cuando mi mamá pensaba que me estaba volviendo loco.

Cuando empezamos este viaje mi mamá tenía un poco de catarro. Ella empezó a decir cosas inoportunas sobre mi hijo como: "Aléjalo de mí o se va a contagiar de este catarro".

Luego empezó a quejarse por el dinero y dijo: "Verdaderamente no debería salir de viaje. No tengo el dinero para hacerlo".

Así que le dije: "Mira mamá. Nosotros no tenemos nada, pero nada de dinero. Si tú no tienes el dinero para este viaje entonces tenemos que regresar a casa porque no puedo ayudarte".

Ella respondió: "¡Oh, no. Tengo suficiente dinero!". Mi mamá estaba actuando con negativismo y eso sólo creó una mala situación.

Como era un caluroso día de verano, mi hijo se sentó enfrente del aire acondicionado. Como yo comprendía el principio de que podemos tener lo que decimos (Mr. 11:23), verdaderamente me molestaba cuando ella decía cosas como: "¡No lo pongas ahí. Se va a resfriar!"

Tuve que contrarrestar eso con: "No, no se va a resfriar".

# "¡CÁLLATE!"

Todas estas quejas no representaban el verdadero carácter de mi mamá. Ella es una dama, y por lo general muy positiva, pero en esta ocasión estaba atorada con este negativismo. Estuvo entregándose a la duda y la incredulidad todo el día. Estuve batallando con ella para contrarrestar lo que estaba diciendo. Como era mi mamá, traté de ser tan amable y cortés como pude.

La primera noche del viaje, todos nos quedamos en el mismo cuarto del hotel. Nuestro hijo estaba durmiendo en una cuna pequeña. Cerca de las 11:00 de la noche, se despertó tosiendo tan fuerte que lo podías haber escuchado en el cuarto de al lado. Hacía mucho ruido y casi no podía respirar. Así que me levanté, oré en lenguas, reprendí la tos, y actué con fe. Él se volvió a dormir y todo estuvo bien.

Treinta minutos después, sucedió lo mismo. Me levanté, oré por él, y él se volvió a dormir. Cada treinta minutos estaba levantándome como si fuera un yo-yo, orando por nuestro hijo y ayudándolo para que se volviera a dormir. Finalmente, cerca de las 3:00 de la mañana, cuando estaba regresando a mi cama, mi madre me dijo: "¡Andy, admítelo. Él está enfermo!"

Me paré donde ella estaba, puse mi dedo índice sobre su cara y dije: "¡Satanás, en el nombre de Jesucristo, te ordeno que te calles! ¡No voy a recibir tus críticas o tus maldiciones! ¡Mi hijo es bendecido y no maldecido!" Luego empecé a declarar La Palabra. Mi mamá no dijo nada más, y nuestro hijo no se volvió a despertar esa noche. Nuestro hijo estuvo bien, pero mi mamá no dijo nada por dos días—y todos estuvimos encerrados todo el tiempo en el carro en esas vacaciones.

Finalmente cuando ella habló, lloró diciendo: "La verdad, me da tristeza que pienses que soy el diablo" y empezó a lamentarse.

Dije: "Mamá, tú sabes mucho para actuar así. Te he enseñado La Palabra de Dios. Sabes que todas esas cosas que estabas diciendo son contrarias a La Palabra de Dios. Sólo que te estabas entregando a Satanás. No estoy enojado contigo. Solamente estaba enfrentando al diablo. Él estaba tratando de robar mi fe en relación a la sanidad".

Hoy en día, mi mamá sigue siendo una de mis mejores amigas. Ella tiene más de noventa y cinco años y disfruta de buena salud. Mi manera de enfrentar esa situación aquella noche fue muy intensa, pero sabía que Satanás era el responsable porque estaba tratando de robar mi fe.

Tú puedes enfrentar lo que la gente dice con más amabilidad de la que yo usé en esa ocasión. Yo era un creyente inmaduro y así fue como respondí. Pero sin importar la manera como esto se haga, este precepto es verdad.

## ¡ESFUERZO MÁXIMO!

¡Estamos en una batalla espiritual! Sin embargo, la mayor parte del tiempo la gente no lo reconoce.

Solamente están viendo las cosas con un enfoque humano y natural. Sacan a Dios, al diablo, y al ámbito sobrenatural de los factores del proceso. El individuo común y corriente no se da cuenta de la existencia de esta dinámica espiritual. Dios no nos envía cosas malas. Las cosas no suceden por azar. Hay un enemigo que es real y anda suelto por ahí y debemos aprender a lidiar con él. La primera vez que traté de publicar un libro fue hace aproximadamente veinte años. Era la edición de mi obra titulada *Life for Today—Gospels Edition,* es una Biblia de estudio con comentarios y contiene casi seiscientas páginas. Iba a ser una inversión muy fuerte. En ese entonces el ingreso de mi ministerio era tan bajo que juntar $50,000 dólares para imprimir el libro me iba a costar el equivalente de dos o tres meses de ingreso. ¡Este proyecto verdaderamente era un esfuerzo máximo para mí!

Varias editoriales nos contactaron y nos ofrecieron ayuda con este proyecto. Una de esas editoriales nos ofreció reducir el costo a $27,000 dólares si lo pagábamos al contado. Nos dijeron: "Estamos en un aprieto y necesitamos el dinero. Si nos pagan de contado, les daremos este descuento". Así que contacté a mis socios, junté el dinero—era más del equivalente de un mes de ingreso en esa época—y les di el dinero. Ésta fue una transacción de mucho impacto para nosotros.

Sin embargo, en el lapso de un mes, me notificaron que el vendedor se había robado nuestro dinero. ¡De hecho en ese tiempo esa persona también había engañado a otros pastores muy reconocidos!

Recuerdo la ocasión cuando escuché esta noticia. Mi empleado me dijo: "Este vendedor se robó nuestros $27,000 dólares. Vamos a tener que reunir otros $45,000 dólares dentro de una semana para poder completar este proyecto". En total, ahora necesitábamos $70,000 dólares.

## SIETE VECES

Mi primea reacción fue de asombro. "¿Es verdad esto?" Luego sentí el deseo de darle una golpiza a este vendedor. Pero luego reconocí quién era el verdadero culpable. Satanás me había atacado y estaba tratando de robarme.

Inmediatamente me acordé de Proverbios 6:31.

*Pero si es sorprendido* [el ladrón]*, pagará siete veces. Entregará todo el haber de su casa.*

Reconocí que ésta no era solamente una persona que estaba tratando de robarme. Obviamente, había entidades demoníacas responsables de esto. Segundos después de recibir esta noticia, me di cuenta de algo y dije: "Es el diablo el que me está robando, y ya lo descubrí. Por lo tanto de acuerdo a La Palabra de Dios, ¡exijo que me devuelva siete veces lo que se robó!" Inmediatamente tomé un pedazo de papel y multipliqué $70,000 dólares por siete. En vez de enojarme, deprimirme, y sentirme herido, empecé a bailar y a alabar a Dios, diciendo: "¡Aleluya, esto es maravilloso. Voy a recibir $490,000 dólares de retribución *este* año!" Como continué alabando a Dios, esa situación nunca me deprimió ni desanimó.

Al final de ese año, nuestro ingreso se había incrementado hasta llegar casi a los $490,000 dólares—exactamente siete veces la cantidad de dinero que nos habían robado. Eso sucedió en la época en que todo el ingreso era de cerca de $500,000 al año. ¡Casi doblamos nuestro ingreso ese año!

Lo que pudo haber sido algo trágico se transformó en una situación favorable porque reconocí que no estoy peleando en contra de carne y sangre. Estoy peleando una batalla espiritual, con armas espirituales, en contra de enemigos espirituales. Me di cuenta que Satanás estaba tratando de atacarme, y cuando vi eso actué de acuerdo a La Palabra.

## ¿QUIÉN ESTÁ INFLUENCIANDO A QUIÉN?

Les he prestado dinero a algunas personas que nunca me lo pagaron. Dijeron que me lo pagarían, pero por alguna razón, no lo hicieron. En vez de ofenderme y enojarme con esas personas, reconozco que se trata del diablo. Por supuesto que la persona cooperó con él de alguna manera y le permitió hacerlo. Pero me doy cuenta que el diablo está tratando de que yo guarde rencor. Así que simplemente los perdono.

A veces les he dado dinero a personas que dijeron que me pagarían. Mi actitud es ésta: "Total, haré de cuentas que se los regalé. No me voy a arriesgar a la posibilidad de guardar rencor por este dinero. No vale la pena".

Tú podrías pensar: "¡Oye, yo nunca haría algo así!". Pero yo reconozco que hay una batalla espiritual en apogeo—¡y nadie va a rentar espacio en mi mente! Nadie va a tomar control de mi corazón, solamente Dios. Me niego a guardar rencor hacia cualquier persona. No voy a permitirle la entrada al rencor en mi vida. Estoy consciente de que Satanás usa cosas como éstas como incursiones en mi contra.

Te guste o no, ahora mismo hay una batalla espiritual en apogeo por ganar tu corazón y tu mente. Como piensas en tu corazón así serás (Pr. 23:7). Tus pensamientos se convierten en lo que dices y haces, y tus acciones son la máxima expresión de tu autoridad. Por lo tanto, serás influenciado, dominado, y controlado por aquel a quien te sometas—Dios o Satanás (Ro. 6:16).

## Capítulo 2

# Buscando a Quien se Deje Devorar

Cuando te sometes al pecado, estás sirviendo a Satanás, que es el autor de ese pecado. Pero cuando te sometes a la obediencia, sirves a Dios, que es el autor de esa justicia.

*¿No sabéis que si os sometéis a alguien como esclavos para obedecerle, sois esclavos de aquel a quien obedecéis, sea del pecado para muerte, o sea de la obediencia para justicia?*

Romanos 6:16

En esta batalla espiritual, tus acciones son muy importantes.

La mayoría de la gente reconoce que las acciones son importantes en al ámbito físico. Tú sabes que hay consecuencias por lo que haces. Si manejas a exceso de velocidad, te podrían poner una multa o podrías ocasionar un accidente. La multa te podría costar dinero y poner puntos en tu licencia. El accidente podría dañar a otros carros o hasta quitarle la vida a alguien. Cuando hablamos mal de alguien, podemos lastimar sus sentimientos o hasta desatar poderes demoníacos en su contra.

En la vida hay mucho más que solamente este ámbito físico, natural, superficial. Hay dinámicas espirituales que actúan constantemente. No importa si la persona de la que estás hablando mal se llega a enterar o no, tú serás afectado. Explotar en cólera, frustración, resentimiento, y rencor te afecta a ti aunque no afecte a nadie más. Me he subido en el carro de personas que son muy expresivas cuando alguien se les atraviesa al manejar. Me han dicho: "Esa persona no sabe lo que dije. No me escuchó". No importa si te escucharon o no. Si tú te enojas y te amargas, te acabas de someter a Satanás. Aunque no lo reconozcas, el diablo es el que nos influencia para responder incorrectamente (Ro. 6:16).

## LA IRA DEL HOMBRE

Santiago 1:20 dice:

*La ira del hombre no obra la justicia de Dios.*

Ceder a la cólera y a la amargura no realiza la justicia de Dios. No vas a lograr los propósitos de Dios actuando en la carne, enojándote, y perdiendo los estribos. Así no es como funciona el reino de Dios. Así que aunque nunca te escuche otra persona—te está afectando a ti.

Conozco a un hombre al que evangelicé y que fue verdaderamente salvo; había avanzado mucho en su discipulado. Él tapizaba carros y estaba tratando de restaurar un carro viejo. Un día fui a su casa y toqué la puerta pero nadie respondió. Sabía que él estaba en casa, así que caminé al patio trasero. Cuando estaba dando la vuelta por la esquina de su casa, escuché unas maldiciones terribles, gritos y alaridos. ¡Este hermano tenía un palo en la mano y estaba golpeando ese carro con violencia!

Estaba maldiciendo este carro a todo pulmón cuando yo—su pastor—daba vuelta. Cuando me vio, se detuvo por un momento (pienso que sintió remordimiento) y dijo: "¡Bueno, sólo es un carro. No importa lo que le diga. No lastimé a nadie!". Tuve que explicarle que en realidad no era importante a qué le estaba gritando. Cuando tú te sometes a la cólera y pierdes los estribos de esa manera, Satanás se aprovecha de eso. El enemigo tomará toda la ventaja de una puerta abierta como esa para venir a robar, matar y destruir (Jn. 10:10).

*Porque donde hay celos y contención, allí hay perturbación y toda obra perversa.*

Santiago 3:16

Date cuenta que esto no dice, "algunas" obras perversas. No dice que los celos y la contención "podrían" permitirle al diablo atacar a "cierta clase de personas". No, cuando tú participas de los celos y la contienda, estás abriendo la puerta ampliamente y estás diciendo: "Ven Satanás y trae lo peor que tengas a mi vida". Te estás poniendo un tiro al blanco en la espalda y estás diciendo: "Lanza tu mejor tiro". Cuando participas de los celos y la contención, te conviertes en un tiro al blanco para el diablo.

## ¿APESTAS ESPIRITUALMENTE?

*Para Dios somos grato olor de Cristo en los que se salvan, y en los que se pierden; a éstos ciertamente olor de muerte para muerte, y a aquéllos olor de vida para vida.*

2 Corintios 2:15-16

¿Cuál es tu aroma espiritual? ¿Estás esparciendo el aroma de vida, o apestas a muerte? Al igual que las moscas y las ratas, los demonios se sienten atraídos por las heridas que no han sanado y por la basura de tu vida. Tu actitud repugnante—enojarte en el tráfico, estar ofendido por cualquier cosa, y criticar a todo y a todos—está esparciendo un aroma que está atrayendo a todos los demonios del pueblo a tu casa. Y te preguntas, ¿por qué estoy teniendo estos problemas? ¿Por qué nada funciona para mí? Eso es ignorancia al máximo. Debes reconocer que estamos en una batalla espiritual. Tus pensamientos, actitudes, palabras y acciones están desatando en tu vida o el poder de Dios o el poder del diablo.

Tú podrías pensar: "*El destino está en mi contra. Tengo mala suerte*". Hasta podrías echarle la culpa al Señor, diciendo: "Dios ¿por qué has permitido que estas cosas me sucedan a mí?" Así no son las cosas. Dios es bueno, y está haciendo todo lo que puede para salvarte, bendecirte, sanarte, y prosperarte. Sin embargo, la realidad es que tenemos un enemigo que anda por ahí buscando a quien devorar.

*Sed sobrios, y velad, porque vuestro adversario el diablo, como león rugiente, anda alrededor buscando a quien devorar.*

1 Pedro 5:8

La versión King James dice: "*buscando* a quién devorar". Satanás no te puede devorar sin tu cooperación. Una de las maneras como él obtiene esa cooperación es a través de la ignorancia. Tú podrías pensar que no importa si te enojas con el carro que estás arreglando, o con el conductor que se te atravesó en el tráfico. Podrías pensar que nadie sale lastimado cuando criticas a alguien a sus espaldas y dices: "Ellos no van a saber esto". Pero la verdad es que cuando empiezas a perder los estribos, Satanás se aprovecha de eso.

Por una razón u otra, pensamos que los políticos son un tiro al blanco. Pensamos que somos libres de decir lo que se nos antoje porque la libertad de expresión que se disfruta en muchos países nos motiva a expresar nuestro descontento. Sin embargo, hay una forma correcta y otra incorrecta de hacerlo. He escuchado a algunos Cristianos criticar con vehemencia a algún candidato a la presidencia, o a algún otro funcionario público de maneras que no son correctas. Puedes estar en desacuerdo sin tener que humillar a la persona con las palabras que dices. No importa si alguna vez te oigan o no. Tú podrías estarle abriendo una puerta a Satanás a través de tus palabras (Ro. 6:16).

## DINÁMICAS ESPIRITUALES

Necesitas poner guarda sobre tu boca (Sal. 141:3) y llevar cautivo todo pensamiento a la obediencia a Cristo (2 Co. 10:5). Necesitas controlar tus acciones (Ga. 5:22-24) y reconocer que el ámbito demoníaco está tratando de darte un tiro todos los días de tu vida. Si tú les dejas una puerta abierta, vendrán y su único objetivo será robar, matar, y destruir (Jn. 10:10). Satanás está buscando a quien pueda devorar (1 P. 5:8).

Necesitas aprender a reconocer las dinámicas espirituales que hay en tu vida. Dios quiere que te sometas a Él para que Su poder y bendición sea liberado en tu vida. Satanás quiere que te sometas a él para que la destrucción y la muerte puedan llegar a tu vida. Para obtener una incursión, el enemigo constantemente está tratando de atraparte con amargura, rencor, y con inmundicia de toda clase. Por lo tanto, no importa lo que hagas, estás obedeciendo a Dios o a Satanás. Te estás sometiendo a Dios y a Su influencia, o a Satanás y a su influencia. Cada vez que actúas, estás desatando poder espiritual—el poder de Dios o el poder del diablo—en tu vida.

Como la mayoría de la gente ignora esta verdad, ellos permiten toda clase de cosas en su vida. Sin embargo, si se dieran cuenta de los resultados que van a cosechar, nunca harían esas cosas.

La esposa de uno de nuestros alumnos de la escuela bíblica sufría de una depresión muy fuerte. Cuando empecé a explicarle cómo podría ser liberada de esto, me explicó que ella había sufrido depresión desde que era una niña: atravesaba por un período de uno o dos meses cada año en el que se sentía muy deprimida y tenía que tratarlo con medicina.

Cuando le dije: "Tú ya no quieres vivir así. Necesitas superar esto".

Ella contestó: "Así es como soy. No es gran problema. Lo supero. Después de uno o dos meses todo está bien". Ella había aceptado totalmente esta depresión pensando que solamente era algo pasajero sin resultados permanentes. Pero cada vez que nos sometemos a hacer las cosas a la manera de Satanás estamos teniendo tratos espirituales con él, y esto es lo que concibe al mal. No es bueno.

## LA CONCEPCIÓN DEL PECADO

*Cada uno es tentado, cuando de su propia concupiscencia es atraído y seducido. Entonces la concupiscencia, después que ha concebido, da luz al pecado; y el pecado, siendo consumado, da luz a la muerte.*

Santiago 1:14,15

El pecado es concebido en tus emociones. Cada vez que tienes una emoción negativa—ya sea tristeza, cólera, miedo, discordia, o cualquiera de muchas otras—tú concibes algo. Muchas personas están concibiendo cosas que no van a querer dar a luz. Ellos no quieren depresión, pleitos, suicidio, o que su matrimonio se destruya. Sin embargo permiten que estas emociones negativas se manifiesten a través de ellos, sin reconocer que estamos en una batalla espiritual. Cuando tú te sometes a la carne, y empiezas a decir y a hacer estas cosas, estás desatando fuerzas espirituales. Hay una batalla en apogeo, y el enemigo está buscando una oportunidad para atacarte.

La voluntad del diablo es devorar al que pueda (1P. 5:8). Él desea robar, matar y destruir a todas las personas por dondequiera (Jn.

10:10). Si Satanás se saliera con la suya, entonces toda la tierra sería devastada, y no habría bien por ninguna parte. Sin embargo, Dios también tiene voluntad. Jesucristo dijo:

*Yo he venido para que tengan vida, y para que la tengan en abundancia.*

Juan 10:10

Jesucristo está tratando de manifestar vida en ti. Satanás está tratando de robar, matar, y destruir cualquier cosa buena que tú tengas. Ambos están dispuestos y son capaces de actuar y manifestar esas cosas en tu vida, pero el factor determinante eres tú. Tienes que reconocer que hay una batalla en apogeo, y que todo lo que digas y hagas va a darle poder a Dios o al diablo. El Señor quiere manifestar Su vida en ti. Satanás quiere robarse esa vida, y quiere matarte, y destruirte. No es el destino o la suerte. Tus pensamientos, elecciones, y acciones representan la diferencia en tu vida.

## "¡SALTE DE MI VIDA!"

En una ocasión visité una iglesia que había creído que Dios podía sanar a la gente, pero que no era Su voluntad otorgar sanidad siempre. Sin embargo, seis meses antes de que yo llegara habían cambiado su forma de pensar y habían aceptado que La Palabra dice que: "Es la voluntad de Dios que todas las personas estén bien. Él otorga sanidad todo el tiempo". Éste era un paso nuevo de fe para ellos. Esta congregación estaba empezando a escuchar La Palabra de Dios y a tener fe en Dios para ver manifestaciones específicas de sanidad.

Dos días antes de mi llegada, la iglesia había llevado a cabo el funeral de un muchacho de 17 años que murió después de haber estado en coma por seis semanas. Toda la iglesia había ayunado y orado, tratando de actuar conforme a las verdades de La Palabra que les estaban enseñando. Aunque sabían que era la voluntad de Dios que este muchacho sanara, de todas maneras murió. Por lo tanto había mucho conflicto, confusión, y dudas en esa iglesia.

Después de las reuniones matutinas, fui a comer por tres días consecutivos con los papás del muchacho, tratando de entender exactamente lo que había sucedido. Como todos habían hecho todo lo que pudieron para que no muriera—haciendo todo lo que sabían hacer—mucha gente empezó a dudar de La Palabra, diciendo: "Quizá no es la voluntad de Dios sanar todas las veces". Cuando les dije que eso no es verdad—que Dios ya ha proveído sanidad y que siempre es Su voluntad otorgar la sanidad—respondieron: "Bueno, entonces, ¿qué es lo que pasa?"

Al transcurrir esos tres días de mis pláticas con los padres, descubrí que habían tenido mucho conflicto y que estaban a punto de divorciarse. Ya habían hecho planes y habían hablado al respecto con los niños. Por lo tanto, había mucha discordia, dolor, y emociones negativas en esa casa.

Esa mañana cundo sucedió la tragedia, la madre discutió con su hijo y le dijo: "¡Te odio, salte de mi casa y nunca más regreses!" Seguramente que ella no creía lo que dijo. Ella solamente lo dijo por el coraje tan intenso que sintió. Yo sé que a veces los hijos te ponen los nervios de punta. Yo mismo he criado hijos. Criar hijos es más difícil que resucitar a los muertos—y yo he tenido que hacer las dos cosas en mi familia. No estoy tratando de condenar a esta mujer. Sin embargo, antes de que el muchacho saliera de la casa, ella le dijo: "¡Salte de mi vida y nunca más regreses!"

## TODA OBRA PERVERSA

Como el muchacho se había sentido lastimado, no obedeció el reglamento de la escuela y se salió de la misma sin permiso, y se fue a la casa de otro niño para almorzar. Cuando estaban ahí, sacaron una pistola, se pusieron a jugar con ella, y accidentalmente se dio un tiro en la cabeza. Ésa era la razón por la que el muchacho había estado en coma por seis semanas.

Ellos no podían comprender cómo pudo haber sucedido esto. La Palabra revela que...

**Donde hay celos y contención, allí hay perturbación y toda obra perversa.**

Santiago 3:16

Mucha gente dice: "Estoy de acuerdo que los pleitos no son buenos. A nadie le gustan, pero son parte normal de la vida. Las familias pelean, y luego se reconcilian". No se dan cuenta que estamos en una batalla espiritual, y por eso toleran diferentes niveles de conflicto en su vida. La Palabra dice que donde hay envidia y desavenencia, allí hay confusión.

**Dios no es Dios de confusión sino de paz.**

1 Corintios 14:33

Si Dios no es el autor de la confusión, ¿quién crees que es? Exacto—Satanás. El diablo es el que—donde hay celos y contención—trae confusión y toda obra perversa.

Cuando tú le abres ampliamente una de esas puertas al diablo, no te sorprendas si ves diferentes formas de enfermedad, tragedia, pobreza y muerte manifestarse. Satanás aprovecha oportunidades como esas y las usa como incursiones en tu vida. Como un león rugiente, continuamente está buscando a quién puede devorar.

## Capítulo 3

# Las Incursiones de Satanás

Como estamos en una batalla espiritual, no puedes darte el "lujo" de fomentar el conflicto. Si tú piensas que algo de conflicto es "normal"—la manera como se supone que debemos vivir— estás mal. Dios es un Dios de paz (Ro. 15:33; 16:20), y nosotros fuimos creados en Su imagen (Gn. 1:27). El fruto de Su Espíritu obrando en nuestra vida es paz (Ga. 5:22). Por lo tanto, nuestra vida debería estar llena de paz, y no de conflicto. No estoy diciendo que podamos vivir totalmente libres de discordia en todas las áreas, pero no deberíamos aceptarla, fomentarla ni promoverla. Deberías luchar con determinación en contra de eso, siendo consciente de que cada vez que entras en conflicto le abres una puerta para todo lo que el enemigo quiere hacer en tu vida. Satanás tiene acceso a tu vida cuando estás en conflicto.

Recuerdo cuando me reclutaron de soldado en el ejército. Cuando estaba en el entrenamiento básico, hubo muchas ocasiones en las que continuamente había explosiones a mi alrededor. Salíamos en misiones especiales, nos arrastrábamos por la trinchera (bajo los disparos de las armas sobre nuestras cabezas), aprendí a usar granadas, practiqué tiro al blanco, y muchas otras cosas. En el transcurso de seis meses de entrenamiento, me acostumbré a todo ese ruido. No me molestaba porque sabía que todavía estábamos en nuestro país, estaba en entrenamiento y nadie estaba tratando de matarme. Así que me acostumbré al ruido a tal grado que esas explosiones no significaban nada para mí.

Luego llegué a Long Ben, Vietnam. Salimos de nuestro avión a las 2:00 a.m., en medio de un ataque de granadas. Nos agachamos tanto que casi gateamos del avión al búnker y nos escondimos hasta que el ataque terminó. Unas horas más tarde, después de que nos registraron, recuerdo que estaba recostado en una de los cuarteles generales provisionales y mi catre saltaba de arriba abajo debido a las explosiones. Aunque había escuchado muchos ruidos similares en el entrenamiento básico, de repente desperté a la realidad de que esto ya no era fuego amistoso. Alguien por allí nos estaba lanzando cohetes, y yo estaba tan cerca que podía escuchar las explosiones. Mientras estaba ahí en ese catre que saltaba de arriba abajo, me di cuenta que: "¡Estoy en la guerra!" "Hay un enemigo que está tratando de matarme". Eso me hizo reaccionar.

Mi actitud desinteresada para escuchar instrucciones se esfumó. Los instructores no tenían que hacer nada para tener toda mi atención. Cuando empezaron la semana de entrenamiento después de que llegamos—nos enseñaron cómo adaptarnos al país, lo que iba a suceder, y cosas por el estilo—les di toda mi atención. Lo que hizo la diferencia fue que me di cuenta que verdaderamente estaba en una situación de vida o muerte. Reconocí que ahora estaba en la guerra.

## HAY SEMILLAS QUE ESTÁN SIENDO PLANTADAS

Sin importar si te das cuenta de esto o no, ahora estás en una batalla. Satanás anda por ahí como león rugiente, buscando a quién devorar. El diablo está tratando de destruir tu vida ahora. Podrías sentirte abrumado y temeroso por eso, pero Dios anda buscando a alguien que le responda. Él está tratando de traer Su unción, poder, y bendiciones a tu vida. No tienes que paralizarte aterrorizado y lleno de pánico porque el Señor es infinitamente más poderoso que el diablo. Sin embargo, necesitas enfrentar la realidad y darte cuenta de que estamos en una batalla. No te puedes dar el lujo de fomentar emociones negativas y de someterte a la carne.

Constantemente le ministro a gente que desea los resultados que ve en mi vida, pero no está dispuesta a hacer lo que yo hago. Quieren sentarse enfrente de la televisión y ver el show "Cuando el estómago da vueltas" en la televisión. Ven películas inadecuadas y fomentan emociones negativas que yo nunca fomentaría. Yo reconozco que hay una batalla espiritual desarrollándose, y que si alguna vez empiezo a permitir y aceptar cosas como esas en mi mente y en mi corazón, Satanás tomará ventaja de eso. Así que vivo una vida con muchas restricciones, absteniéndome de muchas cosas que otras personas hacen (Ps. 101:3).

Aunque a mucha gente le gustaría ver ojos ciegos y oídos sordos que sanan, enfermedades incurables que desaparecen, los muertos resucitados y bendiciones para hacer riqueza como yo lo he visto (por la gracia de Dios), no están dispuestos a invertir el tiempo necesario para someterse al Señor y tener comunión con Él a través de La Palabra, la oración, y la obediencia. Preferirían andar en el mundo, satisfaciendo a la carne y pensando: "No me hace daño hacer todas estas cosas". A lo mejor no los daña inmediatamente, pero hay semillas que están siendo plantadas.

No puedes ser tentado con algo que no piensas (He. 11:15). Si tú dejaras de participar de la envidia, el conflicto, la división, y todas las otras cosas negativas que nuestra sociedad usa como "entretenimiento", Satanás no tendría estas incursiones en tu vida.

# MR. CRITICÓN

En una ocasión le ayudé a un Señor que había tenido una vida llena de problemas a ser salvo. Después de que nació de nuevo, se incorporó a nuestra iglesia y empezó a criticar todo. Él criticó a la gente que usaba jabón porque pensaba que no era natural. (Él mismo debió haber usado mucho jabón—¡lo necesitaba!). Criticaba a la gente que pelaba las papas al cocinar, porque consideraba que la cáscara era la parte con más nutrientes. ¡Este hombre tenía una opinión para todo!

No me di cuenta sino hasta después de transcurrido un tiempo que esta persona había sido la primera en ser sentenciada por la Corte de California tres veces antes de ser adolescente. Él había vivido en reformatorios desde que tenía cinco años. Como consecuencia de todo esto, y porque creció rodeado de tanto conflicto, había mucha cólera y resentimiento en Él.

Después de unos meses, un día se acercó a mí y me dijo: "Voy a dejar de venir a esta iglesia. Voy a regresar al desierto porque hay mucho conflicto aquí".

Reaccioné con honestidad y le dije: "¡Sí, hay conflicto en esta iglesia, pero todo el conflicto viene por tu culpa! ¡No había nada de conflicto entre los miembros hasta que tú llegaste aquí y empezaste a criticar a todos! ¡Tú eres la fuente del conflicto!"

"¿En serio? No me había dado cuenta".

"¿No te habías dado cuenta que a la gente no le gusta que la critiques por todo lo que hace?"

Entonces este hermano se sentó y empezó a relatarme su pasado. Luego dijo: "Creo que no me había dado cuenta que era conflicto. Yo pensaba que era normal". Continuó y me dijo: "Si me dijeras que actuara sano cuando me siento enfermo, puedo hacerlo porque me he sentido sano con anterioridad. Pero cuando me dices que actúe con amor, creo que no sé como hacerlo. Nunca he sentido amor con anterioridad".

Tuve que dedicarle tiempo a este hermano y empecé a enseñarle a través de la vida de Jesucristo como se debe amar a la gente. Algunas personas vienen de ambientes donde gritar, dar alaridos y aventar cosas era lo normal. Hay muchas familias que actúan así, pero Dios no quiere que seamos así (Stg. 3:16).

## ¿UNA VÍBORA EN TU CASA?

¿Tratas a los extraños mejor que a tu propia familia? Muchas personas no se atreverían a tratarme de la manera como tratan a sus propios hijos, sin embargo se preguntan: "¿Por qué estoy teniendo estos problemas con mis hijos?" Grítame: "Ve a hacer tu cama, niño malcriado", grítame: "¿Por qué no has hecho esto todavía?" y vamos a ver como funciona nuestra relación. Si así tratas a tu familia, eres parcial.

Como atacas a los miembros de tu familia—a la gente que se supone que debes amar más que a nadie—no debe sorprenderte que estés lidiando con rebelión, conflicto y división. Si quieres relaciones santas, tienes que empezar a controlar tu lengua. Tienes que darte cuenta que no puedes tolerar esa clase de conflicto. Satanás entra a través de las puertas de la envidia y el conflicto, y entonces realiza toda obra perversa en tu vida.

¿Le permitirías a una víbora venenosa que ande suelta por tu casa? Quizá se metió por los conductos de la calefacción, y quizás no la verías por una o dos semanas. Pero si sabes que todavía anda suelta por ahí, en alguna parte, probablemente dirías: "¡No me importa cuanto tiempo me tome, no voy a vivir en una casa con una víbora peligrosa y venenosa suelta por ahí!" A lo mejor no es una amenaza inmediata, tú sabes que ella anda por allí…acechándote…

¡El conflicto es más mortífero que una víbora venenosa! Junto con la envidia, el conflicto le abre una puerta al maligno para toda obra perversa en tu vida. Ya es tiempo para que te deshagas de la complacencia y que reconozcas que estás en medio de una batalla espiritual. No puedes tolerar la envidia, el conflicto, el rencor o cualquier otra emoción negativa.

Algunas personas ven imágenes pornográficas y piensan: "Bueno, nunca voy a hacer nada malo". Cada vez que complaces a tu carne, estás desatando poderes espirituales en tu vida. Conforme le des más y más oportunidad al diablo te aseguro que te va a costar algo. El pecado te llevará más allá de donde quieres ir, te costará más de lo que quieres pagar, y te detendrá más tiempo del que quieres permanecer.

Cada uno de nosotros está expuesto a las fuerzas del reino de las tinieblas todos los días. No estamos en el *El Rancho Relax* (descanso y relax). No estamos en un área protegida donde nuestras acciones no importan. Estamos en una batalla espiritual, con un enemigo real que quiere sacar ventaja de nosotros de cualquier forma que pueda.

## RESUCITADO DE ENTRE LOS MUERTOS

La Palabra de Dios dice:

*Ni deis lugar al diablo.*                    Efesios 4:27

Tú eres el que le da incursiones a Satanás en tu vida. Él toma cualquier oportunidad (lugar) que le des a través de tus pensamientos, palabras, emociones, y acciones.

Tus emociones le pueden dar a Satanás una oportunidad. A lo mejor de vez en cuando sientes que deberías hacer lo que sientes y descuidar tus defensas. Sería bueno entregarte a la depresión.

En el pasado yo me he sentido así. Una noche mi hijo mayor llamó por teléfono y me dijo que mi hijo menor había muerto. Inmediatamente, mi esposa y yo nos unimos en oración, declaramos nuestra fe, y le ordenamos que regresara a la vida. Conforme nos vestíamos y manejábamos una hora para llegar a Colorado Springs, tuve unas emociones negativas. Me preguntaba: "¿Por cuánto tiempo puedes permanecer en fe? ¿Por cuánto tiempo puedes ser fuerte? Hay ocasiones en que necesitas levantar la bandera blanca y rendirte. ¿Qué tiene de malo si me quejo?" Sin embargo sabía que si empezaba a expresar mis temores y mi incredulidad eso habría anulado mi fe. Aunque hubiera querido decir: "Perdimos a éste. Hemos fracasado. Rindámonos y renunciemos", empecé a edificarme a mí mismo y a hablar palabras positivas como: "¡Él vivirá y no morirá y declarará las obras del Señor!" y "¡Eres un buen Dios y te amo!"

A Jesucristo le pertenece toda la gloria. Llegamos al hospital en Colorado Springs y descubrimos que Dios lo había resucitado de entre los muertos. Había estado muerto por casi cinco horas, pero aproximadamente cinco minutos después de que recibimos la llamada telefónica de mi hijo mayor, mi hijo menor se sentó en la plancha ahí mismo en la morgue y empezó a hablar. ¡Gloria a Jesucristo!

Creo con toda seguridad que si le hubiera dado lugar a emociones negativas, no habríamos visto la victoria. Si hubiera expresado mi frustración y me hubiera quejado, diciendo: "No es justo", mi hijo no habría resucitado de entre los muertos. Satanás sacará ventaja de lo que le des. Con frecuencia nos ahorcamos con nuestra propia lengua.

## Capítulo 4

# Ninguna Obra Perversa

Hay veces en la vida que verdaderamente sentimos que queremos expresar nuestros pensamientos y emociones negativos. Sin embargo, como estamos en una batalla espiritual, es en estas ocasiones cuando debemos ejercer nuestra fe y el dominio propio.

En Mateo 6:31, el Señor nos revela en qué momento nos apropiamos de un pensamiento.

*No os afanéis* [con pensamientos negativos], *pues, diciendo...*

Un pensamiento se hace tuyo cuando comienzas a hablarlo con tu boca.

No puedes evitar que varias clases de pensamientos crucen por tu mente. Recuerdo cuando recibí la noticia de que mi hijo estaba muerto: pensamientos de dolor, temor, y pánico cruzaron por mi mente. Soy humano, como todos lo demás. Sin embargo, puedes evitar apropiarte de esos pensamientos.

Kenneth E. Hagin lo expresaba así: "No puedes evitar que un pájaro vuele sobre tu cabeza, pero puedes evitar que aterrice ahí y que haga un nido".

Los pensamientos negativos vendrán algunas veces, pero no tienes que recibirlos. No tienen que convertirse en parte de ti. Si no los expresas, no serán tuyos.

## EL PEZ POR SU BOCA MUERE

Satanás transmite pensamientos, sentimientos, y actitudes a través de nuestras mentes y corazones. ¿Cómo evitas que estas semillas se arraiguen, empiecen a crecer, y que luego produzcan la cosecha negativa que él desea? Muy sencillo:

*No os afanéis* [con pensamientos negativos], *pues, diciendo...*

Mateo 6:31

Si no lo dices, entonces ese pensamiento no es tuyo. Sin embargo, en el momento en que empiezas a verbalizar ese pensamiento y a declarar esas cosas negativas, se hace tuyo y entonces ese pensamiento empieza a soltar su poder negativo en tu vida. Necesitas adoptar esta actitud: "Me niego a expresar algo que sea contrario a aquello en lo que estoy creyendo".

Algunas personas están ejercitando su fe para recibir sanidad. Le han pedido ha Dios que los sane y están declarando: "Creo que he sido sanado", a pesar del hecho de que aún no han visto una manifestación física. Pero cuando alguien les habla por teléfono y pregunta: "¿Cómo estás?" ellos responden diciéndole lo mal que se sienten, sin darse cuenta de que acaban de desatar una fuerza espiritual negativa.

*La muerte y la vida están en el poder de la lengua.*

Proverbios 18:21

Con tu lengua puedes expresar tanto la vida como la muerte. Es triste, pero la verdad es que la mayoría de nosotros desatamos mucha más muerte que vida. Estamos en contra nuestra por nuestras propias palabras. ¡Nos ahogamos con nuestra propia lengua!

## LAS PALABRAS SON IMPORTANTES

A lo mejor estás orando por una cosa, y luego hablas en contra de eso. Puede ser que estés orando por la restauración de tu matrimonio, sin embargo, por otra parte constantemente lo criticas, y hablas negativamente de él. Estás desatando una fuerza espiritual negativa—muerte—que contrarrestará aquello por lo que estás orando. Aunque Dios quiere actuar a tu favor y quiere restaurar, estás desatando una fuerza espiritual contraria con esas palabras negativas.

Debes ser cuidadoso de cómo hablas de tus hijos. No está mal reconocer un hecho. Si alguien te pregunta, no digas: "Todo está muy bien" cuando no es así. Puedes decir: "Hay problemas *pero…*" y luego lo contrarrestas al decir aquello que esperas ver. Está bien decir: "Éste es el problema, *pero* todo va a salir bien". Sin embargo si dices: "Estoy esperando que Dios me conceda un milagro, *pero…*" y luego empiezas a examinar y a explicar todas las cosas malas, con eso acabas de destruir aquello que estás tratando de lograr. Verdaderamente es muy importante donde pones tu *pero.*

Algunas veces simplemente tienes que reconocer los hechos: "Oye, tengo un problema. Estoy atacando esta enfermedad…" Pero luego lo contrarrestas con la verdad de La Palabra de Dios: "… pero creo que soy sano en el nombre de Jesucristo".

Constantemente tienes que estar consciente de la verdad de que tus palabras están desatando vida o muerte. No permitas que cualquier cosa salga de tu boca. Pon guarda sobre tu boca y declara vida (Sal. 141:3), porque comerás su fruto.

*Del fruto de la boca del hombre se llenará su vientre, se saciará del producto de sus labios.*

Proverbios 18:20

Cada palabra que sale de tu boca es una semilla que produce de acuerdo a su clase. Si tú estás quejándote, y expresando toda esa negatividad, entonces ésa es la clase de fruto que comerás como resultado de esas palabras. Si estás amargado, eso empezó cuando empezaste a hablar algunas cosas que no debías haber dicho. No puedes evitar que un problema venga, pero puedes evitar que esos problemas te dominen, declarando lo correcto, lo positivo, lo que está en acuerdo con La Palabra. ¡Tus palabras son importantes!

## CIEGO ANTE LA VERDAD

En esta batalla espiritual, Satanás saca ventaja de las palabras que decimos.

*Porque por tus palabras serás justificado, y por tus palabras serás condenado.*

Mateo 12:37

No nos damos cuenta de lo importante que son nuestras palabras, expresamos tonterías, duda, incredulidad, y otras cosas que le permiten a Satanás devorarnos porque descuidamos nuestras defensas.

Dios envió a Pablo a los gentiles (y la comisión que le encomendó también es nuestra):

*Para que se conviertan… de la potestad de Satanás a Dios.*

Hechos 26:18

Mucha gente no se da cuenta que Satanás está dominando—ejerciendo poder—en sus vidas. Simplemente piensan que son las circunstancias, el destino, o la suerte. Esta cita bíblica establece claramente que han estado bajo la influencia del diablo.

*Él os dio vida a vosotros, cuando estabais muertos en vuestros delitos y pecados, en los cuales anduvisteis en otro tiempo, siguiendo la corriente de este mundo, conforme al príncipe de la potestad del aire, el espíritu que ahora opera en los hijos de desobediencia. Entre ellos vivíamos también todos nosotros en otro tiempo, andando en los deseos de nuestra carne, haciendo la voluntad de la carne y de los pensamientos; y éramos por naturaleza hijos de ira, lo mismo que los demás.*

Efesios 2:1-3

Antes de que nos convirtiéramos a Cristo, éramos por naturaleza hijos del diablo. Vivimos nuestras vidas bajo su influencia y dominio, cegados a la verdad.

*En los cuales el dios de este siglo cegó el entendimiento de los incrédulos, para que no les resplandezca la luz del evangelio de la gloria de Cristo, el cual es la imagen de Dios.*

2 Corintios 4:4

El diablo está trabajando activamente hoy en día endureciendo el corazón de las personas y cegándolos a las verdades del evangelio. Ésta no es una batalla pasiva. Él está acechando empeñosamente y tratando de destruir a la gente. Una de las razones por la que el enemigo tiene una posición tan segura en la vida de tantas personas, es porque la iglesia no ha reconocido la batalla espiritual en la que estamos.

# CORROMPIENDO LAS BUENAS COSTUMBRES

Como ministro del evangelio, utilizo programas tanto en la televisión como la radio para compartir la verdad de La Palabra de Dios por todo el mundo. Sin embargo, la mayoría de los otros programas que la gente ve y escucha en la televisión y la radio es usada por el diablo para fortalecer su influencia y control. Tanto los no creyentes como los Cristianos están conectados a eso de una manera u otra, y son alimentados continuamente con una dieta de impiedad—inmoralidad sexual, violencia, conflicto, odio, y sarcasmo. Permitimos que esta basura penetre nuestras casas y Satanás la usa en nuestras vidas. No es que la televisión o el radio por sí mismos sean malos. Dios los está usando poderosamente para expandir Su reino. Sin embargo, Satanás también está usando la mayoría de los programas para destruir las vidas de las personas.

Algunas personas piensan: "Yo puedo ver estas cosas y no me afecta". La Palabra de Dios dice que están siendo engañados.

*No se dejen engañar: "Las malas compañías corrompen las buenas costumbres".*

1 Corintios 15:33 NVI®

Podrías convencerte a ti mismo de que no estás siendo influenciado o corrompido, pero La Palabra revela algo diferente. Simplemente no puedes mantener tu equilibrio espiritual mientras complaces a tus ojos con la impiedad.

David—el hombre de acuerdo al corazón de Dios—comprendió esto y dijo:

*No pondré delante de mis ojos cosa injusta.*

Salmo 101:3

Si eres un discípulo del Señor Jesucristo, necesitas hacer la misma promesa, diciendo: "No voy a ver nada que sea impío. Me niego a pintar una imagen en mi interior de lujuria, cólera, inmoralidad, odio, pleitos, o asesinato. Reconozco que cada vez que me expongo a cosas como éstas, allí hay un poder espiritual negativo esperando a obtener una incursión en mi vida. ¡Por la gracia de Dios, no le voy a dar ningún acceso al diablo a mi vida!"

## PINTANDO IMÁGENES

Una de las razones por las que tenemos tanta violencia e inmoralidad en nuestra sociedad es porque hay mucha violencia e inmoralidad en la televisión. Estas imágenes están pintando escenas en los corazones y las mentes de la gente, quienes a su vez responden y actúan con base en ellas. No podemos ser tentados con lo que no pensamos (He. 11:15). Sin embargo, aquello en lo que pensamos constantemente, se convertirá en lo que hablamos y en lo que hacemos.

Todo lo que dices o haces está desatando o el poder de Dios o el poder del diablo en tu vida. Tu enemigo es una fuerza activa que está obrando en el mundo buscando a quién devorar (1 P. 5:8); él ciega las mentes de los que no creen para poder robar, matar, y destruirlos (2 Co. 4:4). Enterrar tu cabeza en la arena y decir: "No creo que estamos en una batalla. Voy a continuar viviendo como lo he hecho", no va a cambiar la situación, eso solamente significa que tú serás una de las víctimas. Es bueno para ti que reconozcas la realidad de la lucha y que hagas los ajustes necesarios en tu forma de pensar y en tu estilo de vida.

Es nuestra responsabilidad someternos a Dios y resistir al diablo (Stg. 4:7). Son nuestros pensamientos, emociones, palabras, y acciones lo que le está dando oportunidad de actuar a Dios o al diablo (Ef. 4:27); por lo tanto necesitamos reconocer las dinámicas espirituales que actúan a nuestro alrededor.

Me sorprende ver cuántas personas no ven la relación entre sus acciones y los resultados que están experimentando. Ignoran por completo la correlación y no tienen ni idea de la manera como Satanás los está destruyendo. Están viviendo su vida resistiendo a Dios, y luego se acercan a mí y dicen: "No comprendo por qué el diablo me está atacando".

## "¿ESTÁS CASADO?"

En una ocasión le pedí a un señor de nuestra iglesia que viniera a mi casa para herrar mi caballo. Cuando lo estaba haciendo, empezamos a platicar y él hablaba constantemente de su "novia". Lo había visto en la iglesia con esta mujer y yo pensaba que era su esposa. Sin embargo, la manera como estaba hablando respecto a su novia me hizo pensar que no estaban casados. Así que finalmente le pregunté: "¿Estás casado?"

Él contestó: "Pues, no. Solamente estamos viviendo en unión libre. Hemos tenido muchos amigos que se han casado y después se han divorciado, así que pensamos que era más prudente vivir en unión libre por un tiempo para ver si deberíamos casarnos. Ya han pasado seis meses".

Inmediatamente, le dije: "Pensaba que me habías dicho que eres Cristiano".

"Bueno, lo soy. Fui vuelto a nacer hace cuatro meses".

"¿No te das cuenta que vivir en unión libre es contrario a lo que La Palabra dice?"

Este hombre como creyente, era nuevo y totalmente ignorante.

"¿Quieres decir que Dios ha dicho algo sobre la unión libre antes del matrimonio?"

Así que empecé a enseñarle La Palabra. Después de un rato dijo: "Bueno, nosotros nos amamos, y nos vamos a casar. Creo que todo va a salir bien".

Le tuve que explicar: "No importa lo que va a suceder en el futuro. En este momento estás viviendo de una manera que te excluye del poder de Dios. Te has sometido a Satanás y has quebrantado La Palabra de Dios. Al hacerlo, has desatado un poder demoníaco en tu vida. ¡Él diablo se está aprovechando de ti!"

En el transcurso de la conversación, él empezó a sincerarse conmigo. Normalmente se requiere de treinta minutos para herrar a un caballo, pero este hombre se tardó tres horas. Este hermano cambió su forma de pensar, dejaron de vivir en unión libre, y arreglaron las cosas.

## OBEDECE LAS INSTRUCCIONES DE DIOS

Cuando desobedeces a Dios, le abres una puerta al diablo. Contrariamente a lo que la religión dice, Dios todavía te ama. Él no está enojado contigo, sino que quiere algo mejor para ti. Al violar las instrucciones de Dios contenidas en Su Palabra y someterte a la lujuria de tu carne, le has abierto una puerta al diablo. ¡Satanás entrará, se comerá tu almuerzo y no dejará ni las migajas!

Tú no quieres permitir eso. Tienes que cambiar tu forma de pensar y conformar tus acciones a eso. Estamos en una batalla espiritual, y no puedes darte el lujo de ignorar las instrucciones que Dios te ha dado.

## Capítulo 5

# Autoridad Incondicional

En los capítulos anteriores, he establecido el hecho de que estamos en una batalla. Esto no es algo que sólo algunos van a experimentar o que nos va a afectar en el futuro. Estamos enfrentando una batalla espiritual todos los días. Así que necesitamos definir quién es nuestro enemigo y revelar el poder que tiene.

En los casi cuarenta años que he sido Cristiano y que he estado activamente estudiando La Palabra de Dios, me he topado con diferentes opiniones sobre el origen de Satanás y sobre cómo obtuvo su poder. He escuchado toda clase de mensajes al respecto, y, en mi estudio personal, he leído diferentes comentarios, Biblias de estudio, y libros. Sin embargo, en medio de todas estas opiniones, ha surgido una doctrina predominante en la teología popular.

Esta doctrina popular dice que Dios creó un ángel, poderoso, hermoso, y santo llamado "Lucifer" (Is. 14:12). Este Lucifer era el querubín ungido que protegía el santo monte de Dios (Ez. 28:15); mucha gente cree que tenía instrumentos musicales—flautas y panderetas— en su cuerpo (Ez. 28:13). Lucifer era perfecto en todos los sentidos (Ez.28:15). Sin embargo, este Lucifer se llenó de orgullo, se transformó en Satanás, y se rebeló en contra de Dios.

La teología popular también dice que Satanás convenció a un tercio de los ángeles para que lo siguieran en esta rebelión. Juntos trataron de derrocar a Dios, fueron derrotados, y luego fueron arrojados a la tierra. Los que enseñan esta teoría la basan en Apocalipsis 12:4, que es la única cita bíblica que menciona esto. Respaldar una doctrina tan importante sólo con una cita bíblica, especialmente una cita que está tan llena de simbolismo, no es una buena interpretación bíblica.

## ¿ABUSO DE MENORES?

Algunas personas hasta llegan a decir que Satanás gobernó sobre una civilización pre-adánica cuando fue arrojado del cielo a la tierra. Sostienen el punto de vista de que Dios abrió un juicio aniquilador sobre el diablo y su imperio, y que la tierra fue totalmente destruida entre Génesis 1:1 ("Dios creó los cielos y la tierra") y 1:2 ("La tierra estaba desordenada y vacía"). Proponen que Génesis 1:2 en realidad es la re-creación.

Finis Dake, a través de sus exhaustivas notas en su Biblia de estudio con comentarios, popularizó esta teoría. Ésta es la fuente donde la mayoría de las personas que enseñan este punto de vista—directa o indirectamente—obtuvo su información.

También dicen que Satanás y sus demonios vinieron de esta civilización pre-adánica, y que cuando Dios creó a Eva y Adán, Dios le dio acceso a Satanás—con toda su maldad y corrupción—al jardín del Edén para que el ser humano tuviera la oportunidad de elegir entre el bien y el mal. Sería como decir: "Dios tomó a Su hombre y lo puso en el jardín, con esa bestia malvada, con el propósito de que ésta lo tentara para luego ver cómo reaccionaba el hombre".

La mayoría de las personas realmente no ponderan por qué las cosas son como son. Simplemente tratan la Biblia superficialmente.

¿Alguna vez te has hecho esta pregunta?: "¿Si Dios es un Dios bueno y amoroso, entonces por qué le permitió a Satanás que entrara al jardín para tentar a Eva y Adán?" Es como si dejaras que tu niño de dos años saliera al jardín trasero para jugar, sabiendo tú que un león o un oso hambriento—algo que podría destruirlo—anda por ahí acechándolo entre los arbustos. Pensaríamos que eso es ser irresponsable.

En el ámbito natural, le quitaríamos la patria potestad a un padre que no pudiera darles más protección a sus hijos. Un padre que voluntariamente y a sabiendas expusiera a sus hijos a esa clase de predadores sería arrestado—si lo atrapan—, sentenciado, y arrojado en prisión con el cargo de abuso de menores. Sin embargo, esta teología popular insinúa que nuestro Padre celestial soltó a Satanás en el jardín del Edén para que tentara a Eva y Adán.

Yo no creo que así fue como sucedió. Ahora bien, la Biblia no da una explicación completa de por qué Dios hizo lo que hizo con el hombre y con Satanás, pero creo que hay pistas. Y son estas pistas las que me han hecho llegar a unas conclusiones diferentes de lo que popularmente se cree.

## ESPÍRITUS SERVIDORES

Dios envió a Lucifer—Su ángel principal —a la tierra para que les ministrara a Eva y Adán. Lucifer no había cometido ninguna transgresión en contra de Dios—y todavía no se había convertido en Satanás. Él era un ángel divino en el jardín del Edén con una misión especial de parte de Dios.

*¿No son todos* [los ángeles] *espíritus ministradores, enviados para servicio a favor de los que serán herederos de la salvación?*
Hebreos 1:14

Los ángeles son enviados para nuestro servicio. Dios no envió a

Lucifer a la tierra para tentar a Eva y Adán, sino para darles servicio, para protegerlos, y para que les ministrara; él vino al jardín con una misión divina. Sin embargo, cuando llegó allí, transgredió los preceptos divinos.

Isaías 14 y Ezequiel 28 nos dan la mayor parte de la información del Antiguo Testamento que tenemos sobre este ángel llamado Lucifer, que se convirtió en Satanás. En ambos pasajes, el profeta empezó dirigiéndose a una persona física (el rey de Babilonia—Is. 14:4; y al rey de Tiro—Ez. 28:12). Sin embargo, a través de las palabras del profeta (Is. 14:12; Ez. 28:13), se hace evidente que el poder demoníaco detrás de esa persona física es verdaderamente a quien se está dirigiendo el profeta.

En el Nuevo Testamento, Jesucristo hizo lo mismo cuando se dirigió a Pedro y dijo:

> *¡Quítate de delante de mí, Satanás!; me eres tropiezo, porque no pones la mira en las cosas de Dios, sino en las de los hombres.*
>
> Mateo 16:23

Él se estaba dirigiendo al poder demoníaco que estaba operando a través del ser humano físico.

Acuérdate de esto, y pon atención al cambio sutil que vamos a ver conforme continuamos estudiando estas citas Bíblicas.

> *Vino a mí Palabra de Jehová, diciendo: Hijo de hombre, levanta endechas sobre el rey de Tiro* [un ser humano físico], *y dile.*
>
> Ezequiel 28:11,12

# LA TRANSGRESIÓN DE LUCIFER

La siguiente sección claramente se está dirigiendo a la personalidad demoníaca—el mismo Satanás—que estaba operando a través de este ser humano físico. Es obvio por lo que los siguientes versos dicen.

*En Edén, en el huerto de Dios estuviste; de toda piedra preciosa era tu vestidura; de cornerina, topacio, jaspe, crisólito, berilo y ónice; de zafiro, carbunclo, esmeralda y oro; los primores de tus tamboriles y flautas estuvieron preparados para ti en el día de tu creación. Tú, querubín grande, protector, yo te puse en el santo monte de Dios, allí estuviste; en medio de las piedras de fuego te paseabas. Perfecto eras en todos tus caminos desde el día que fuiste creado, hasta que se halló en ti maldad.*

Ezequiel 28:13-15

Esto está describiendo a Lucifer, específicamente en el Jardín del Edén. Fíjate cómo aquí todavía lo está describiendo antes de su caída. Dios envió a Lucifer—al más honrado y respetado ángel que creó—al Jardín del Edén para que fuera un sirviente de la humanidad.

La transgresión de Lucifer en contra de Dios ocurrió en el Jardín del Edén. Se describe en Génesis 3 cuando él entró en la serpiente y la usó para hablarle a Eva y para tentarla. Luego persuadió a ambos, a Eva y a Adán para que comieran del fruto prohibido. Ahí fue cuando Lucifer transgredió en contra de Dios.

Apocalipsis 12:3,4—donde el dragón tomó a un tercio de las estrellas y lo arrojó a la tierra—es una base muy débil para decir que Satanás tomó a un tercio de los ángeles y se rebeló en contra de Dios. El diablo no habría ganado aunque hubiera tenido el cien por ciento de los ángeles, mucho menos con sólo una tercera parte.

Satanás no tenía ni la más mínima oportunidad de ganar en un enfrentamiento directo contra Dios.

## SIN RESTRICCIONES

Lucifer vino a la tierra como un ángel ungido, con una misión divina para ministrar a Eva y Adán. Sin embargo, él vio algo en ellos que él no tenía. Como era un ángel, su poder y autoridad eran restringidos (yo supongo esto), en cambio a Eva y Adán se les había dado autoridad y poder incondicionales sobre esta tierra.

Vemos esto cuando Dios creó a Eva y Adán, en la historia de la creación de Génesis 1.

*Entonces dijo Dios: "Hagamos al hombre a nuestra imagen, conforme a nuestra semejanza; y tenga potestad sobre los peces del mar, las aves de los cielos y las bestias, sobre toda la tierra y sobre todo animal que se arrastra sobre la tierra". Y creó Dios al hombre a su imagen, a imagen de Dios lo creó; varón y hembra los creó. Los bendijo Dios y les dijo: "Fructificad y multiplicaos; llenad la tierra y sometedla; ejerced potestad sobre los peces del mar, las aves de los cielos y todas las bestias que se mueven sobre la tierra".*

Génesis 1:26-28

Cuando Dios creó al hombre, Él habló y les dio dominio—poder y autoridad—sobre toda la tierra. Date cuenta que no había restricciones en esto. Dios no les dijo: "Mientras se sometan a Mi autoridad y hagan lo que les digo, les permitiré tener dominio sobre la tierra". No, Dios puso cero condiciones en este dominio que le dio a la humanidad.

## LA INTEGRIDAD DE DIOS

Lo que Dios declara, se cumple. Él nunca se retracta de Su palabra.

*No olvidaré mi pacto, ni mudaré lo que ha salido de mis labios.*

Salmo 89:34

De acuerdo a Hebreos 6:18, es:

*Imposible que Dios mienta.*

Porque…

*Dios no es hombre para que mienta, ni hijo de hombre para que se arrepienta. El dijo, ¿y no hará? Habló, ¿y no lo ejecutará?*

Números 23:19

La integridad de La Palabra de Dios es lo que hace que el universo exista y se sostenga. Dios sustenta…

*Todas las cosas con la palabra de su poder.*

Hebreos 1:3

Dios no va a violar lo que ha dicho. Así que cuando le dijo a Eva y Adán: "Ustedes tienen dominio. Tienen poder y autoridad sobre esta tierra. Reinen sobre ésta y sojúzguenla. Está bajo su control", era la verdad. Dios les dio dominio sobre esta tierra.

## LIMITADO POR SU PALABRA

Por supuesto que nunca fue el propósito de Dios que usáramos ese poder y autoridad como lo hicimos. No fue Su propósito que se lo diéramos a Satanás. Sin embargo, debido a la integridad de

Dios, cuando le entregamos ese dominio a Satanás, Dios no pudo haber dicho: "Alto, esta no fue mi intención. Vamos a empezar de nuevo. Recupero esa autoridad. Ya no pueden reinar más sobre la tierra". Eso es lo que tendríamos que hacer si alguien abusara de los privilegios que le damos. Pero Dios no es así. Dios está limitado por Su propia Palabra.

La versión King James traduce el Salmo 138:2 al inglés así: "Thou hast magnified thy Word above all thy name". Que a su vez puede traducirse al español así: "Has engrandecido Tu Palabra sobre todo Tu Nombre".

Piensa en esto; Dios ha exaltado Su Palabra por encima de su nombre.

Como Lucifer conocía a Dios, puso mucha atención cuando el Señor le dijo a Eva y Adán: "Tienen dominio" sin restricciones ni condiciones. Eso captó la atención de este importante ángel porque él sabía que la autoridad otorgada por Dios en la que él operaba era condicional (también ésta es una suposición mía). Si Lucifer desobedecía a Dios, instantáneamente se le quitaba el poder divino que se le había delegado. Él no tenía capacidad para usar el poder que Dios le había dado para pelear en Su contra. No había posibilidad de que Lucifer se rebelara directamente en contra de Dios. Pero posiblemente él podría rebelarse si de alguna forma pudiera obtener ese poder y esa autoridad incondicionales que se le habían dado al hombre.

Reconozco que algunas de estas cosas no son claras en Las Escrituras. Posiblemente nos estamos topando con cosas que están más allá de nuestra habilidad para saberlas.

*Las cosas secretas pertenecen a Jehová nuestro Dios; mas las reveladas son para nosotros y para nuestros hijos para siempre.*

Deuteronomio 29:29

Dios no nos ha revelado todo. Sin embargo, por lo que sé de la naturaleza, del carácter de Dios, y de Su Palabra, la evidencia apunta claramente en esta dirección.

## UNA OPORTUNIDAD

La Biblia revela que los ángeles también tienen libre albedrío.

*Dios no perdonó a los ángeles que pecaron, sino que arrojándolos al infierno los entregó a prisiones de oscuridad, para ser reservados al juicio.*

2 Pedro 2:4

Aunque los ángeles tienen libre albedrío, no hay razón para creer que su poder y autoridad es incondicional como la de Eva y Adán. Por lo tanto, si un ángel desobedeciera, Dios podría, por así decirlo, correrlo. Él podría quitarles el poder y la autoridad que les había dado, y estarían totalmente derrotados.

Si tomamos esto en consideración, no era posible que Satanás, con una tercera parte de los ángeles, hubiera podido atacar a Dios en Su trono, porque Él habría conservado dos tercios de los ángeles. Sin embargo, Lucifer vio una oportunidad en la autoridad incondicional sobre la tierra que Dios le había dado a la humanidad.

## Capítulo 6

# Dios de Este Mundo

El Señor hizo a Eva y Adán dioses de este mundo.

*Yo dije: Vosotros sois dioses, y todos vosotros hijos del Altísimo.*

Salmo 82:6

En este contexto, éste era Dios creando al hombre y diciéndole: "Ustedes son Dioses". Esto no significa "Dioses" en el sentido de divinidad, sino "dioses" en el sentido de dominio. Nos fue dado dominio—poder y autoridad—sobre la tierra. Como era nuestra para gobernarla y reinar en ella, nosotros éramos dioses sobre esta tierra.

*Los cielos son los cielos de Jehová; y ha dado la tierra a los hijos de los hombres.*

Salmo 115:16

Dios literalmente le dio la tierra a la humanidad. El creador nos dio poder y autoridad para reinar sobre esta tierra como si fuéramos el creador. No éramos el creador, pero esa es la magnitud del dominio que nos dio.

# "YO SERÉ DIOS DE ESTE MUNDO..."

Cuando Lucifer—aún siendo un ángel de Dios sin pecado, perfecto, que fue enviado al jardín para ministrarle a Eva y Adán— vio la autoridad incondicional sobre la tierra que Dios le había dado al hombre, percibió una oportunidad. Isaías 14 revela este proceso mental.

> *¡Cómo caíste del cielo, oh Lucero, hijo de la mañana! Cortado fuiste por tierra, tú que debilitabas a las naciones. Tú que decías en tu corazón: Subiré al cielo, en lo alto, junto a las estrellas de Dios, levantaré mi trono, y en el monte del testimonio me sentaré, a los lados del norte; sobre las alturas de las nubes subiré, y seré semejante al altísimo.*
>
> Isaías 14:12-14

Lucifer tuvo envidia de Dios. No estaba contento con ser el ángel principal. Estaba celoso, y quería la posición de Dios. Pero él no podía tomar ese lugar solamente con el poder que se le había asignado cuando fue creado. Si él se hubiera rebelado, habría perdido ese poder instantáneamente y habría sido destruido. Sin embargo, él vio una oportunidad en el hombre porque Dios les había dado a Eva y Adán algo que nunca le había dado a los ángeles— una autoridad sobre la tierra sin condiciones, sin salvedades o requisitos. Lucifer vio que si pudiera hacer que Eva y Adán se sometieran a él y se rebelaran en contra de Dios, entonces él podría convertirse en el nuevo "dios" de este mundo (2 Co. 4:4).

Aunque la Biblia aun no había sido escrita, Lucifer sabía que La Palabra de Dios estaba establecida desde el principio (Sal. 119:89), y que el Señor nunca cambia (Mal. 3:6). La creación siempre ha operado bajo las inmutables leyes espirituales de Dios, lo que incluye:

*¿No sabéis que si os sometéis a alguien como esclavos para obedecerle, sois esclavos de aquel a quien obedecéis, sea del pecado para muerte, o sea de la obediencia para justicia?*

Romanos 6:16

Conociendo cómo opera el reino de Dios, Lucifer sabía que si él podía inducir a Eva y Adán para que se sometieran a él y lo obedecieran, entonces él podría convertirse en su amo. Entonces él podría tomar el poder y la autoridad que se le había dado a la humanidad y podría usarlos para empezar a desbaratar el reino de Dios y para empezar a recibir la alabanza, adoración y gloria que él deseaba. Así fue como sucedió.

## TOMADOS COMO REHENES

Cuando alguien roba un banco, con frecuencia toma a alguien como rehén. Un banco normalmente tiene toda clase de sistemas de seguridad muy poderosos—cerraduras, alarmas, cajas fuertes, cámaras, y guardias armados. Una persona sola con una pistola no es suficiente para poder entrar y pasar por encima de todos esos sistemas de seguridad. Sin embargo, si el ladrón toma un rehén y lo amenaza apuntando a su cabeza con una pistola, sabe que van a darle lo que pida. La gente que administra el banco no está dispuesta a ver un rehén asesinado sólo para proteger algo de dinero. Por lo tanto, una persona con una pistola y seis balas puede dominar la fuerza mayor de múltiples guardias con armas automáticas y cada uno con varios cartuchos. Estrictamente hablando, el ladrón no debería ser capaz de dominar el sistema de seguridad, pero con un rehén, es capaz de realizar el robo.

Satanás sabía que no podía dominar a Dios en una confrontación directa. Sin embargo, él vio cómo Dios dio a Eva y Adán una autoridad incondicional. Si ellos voluntariamente se sometían a él, también le entregarían esa autoridad.

Como creador y dueño, Dios pudo haber bajado y destruido al mundo. Él pudo haber destruido a Eva y Adán, al diablo, y a todos los ángeles que se rebelaron. Como creador Él tenía el derecho de hacerlo y de empezar de nuevo. Sin embargo, si hubiera intervenido en los asuntos de esta tierra de esa manera habría violado Su Palabra. Él les había dado dominio sobre esta tierra a Eva y Adán. Él les había dado poder y autoridad para reinar sobre este mundo a los seres humanos. Si Dios hubiera intervenido, Él habría violado Su Palabra y todo el universo se habría autodestruido, porque está sostenido por la integridad de Su Palabra (He. 1:3).

Para que Dios pudiera conservar Su integridad y respaldar lo que había dicho con anterioridad—"Tienen dominio"—les tuvo que dar libertad a Eva y Adán. Si ellos querían entregarle su autoridad y poder sobre la tierra a Satanás, entonces literalmente estaban en su derecho de hacerlo. Dios habría sido injusto si hubiera bajado, destruido a Satanás, y hubiera dicho: "Eva y Adán, no vuelvan a hacer esto", y los hubiera redimido. Él no podría hacer eso y aun así ser fiel a la Palabra que había declarado sobre ellos; ellos tenían libre albedrío.

Lucifer vio cuánto los amaba Dios. Dios se reunía con ellos en el fresco de la tarde. Seguramente que después de crear todo el universo—millones de millones de galaxias, estrellas, y planetas— Dios tenía otras cosas que hacer, sin embargo, Él pasaba tiempo con Eva y Adán todos los días. Así que Satanás se arriesgó pensando que Dios no bajaría y destruiría la creación que Él había hecho.

## EVA Y ADÁN HICIERON A SATANÁS

Satanás estaba usando a Eva y Adán como rehenes para esconderse detrás de ellos, diciendo: "Dios, ellos me dieron esta autoridad. Fue su elección. Yo no los obligué". Satanás no vino con un mamut y aplastó la cabeza de Eva. Él no vino con una fuerza avasalladora. El diablo vino con engaños, y ellos voluntariamente se sometieron a él. Aquí es donde la transgresión se llevó a cabo—en el Jardín del Edén. Él los usó como rehenes, diciendo: "Dios, si me quieres hacer algo, también vas a tener que destruir a Eva y Adán. Ellos hicieron esto voluntariamente".

Debido al gran amor que Dios tiene por la humanidad, Satanás tuvo la oportunidad de convertirse en el dios de este mundo. En vez de destruirnos y empezar de nuevo, Dios permitió que lo que hicimos perdurara. *Nosotros somos los que hicimos a Satanás.* Somos los que le facilitamos a Lucifer que dejara su posición en el cielo, que perdiera su naturaleza divina, y que reine en la tierra como Satanás—el Dios de este mundo.

Nuestro destino original era que fuéramos dioses—gobernantes supremos—sobre este mundo. Pero la humanidad le dio su dominio—autoridad y poder—a Lucifer. Así que Dios creó a Lucifer, pero Eva y Adán hicieron a Satanás. Ellos no crearon a Satanás, porque Dios ya había creado a Lucifer como un ser angelical. Sin embargo, Eva y Adán *hicieron* a Satanás al darle su poder y autoridad.

La mayoría de la gente cree que Satanás está usando un poder y autoridad superiores para oprimir a la humanidad. Lo ven como si fuera un ser grandísimo, poderoso, superior a cualquiera de nosotros. Esto se refleja en los programas de televisión y las películas de terror. Representan a Satanás y a los demonios como seres fuertes y poderosos. La mayoría de la gente ve al diablo como un ser superior en poder y autoridad.

Sin embargo, Lucifer perdió el poder divino que se le asignó— de parte de Dios—en el mismo instante que cometió transgresión y se convirtió en Satanás. El diablo no está usando un poder o autoridad superiores a los nuestros. En realidad él está usando el mismo poder y autoridad que Dios le dio a la humanidad para que reinara y gobernara sobre esta tierra. Son nuestro propio poder y autoridad los que él usa en contra de nosotros.

En sí mismo, Satanás no tiene poder. Él depende completamente de seres humanos que se sometan a él y le den poder. Hasta en el Antiguo Testamento, Satanás no tenía poder para dominar y controlar a la gente. Él tiene que usar nuestro propio poder y autoridad en contra de nosotros. Sólo en la medida en que nos sometemos a Satanás, él es capaz de hacer algo.

## CERDOS INTELIGENTES

El diablo y sus demonios—como seres espirituales—no tienen poder o autoridad en esta tierra a menos que seres humanos se sometan a ellos.

Considera el ejemplo en el que Jesucristo sacó a los demonios en Lucas 8. Cuando el Señor echó al espíritu inmundo fuera de un hombre, los demonios se llamaron a sí mismos "Legion" porque eran muchos (Lc. 8:30). Le rogaron a Jesucristo: "No nos mandes al abismo, sino a ese hato de cerdos que andan por ahí". Cuando los demonios entraron a esos 2,000 cerdos, éstos inmediatamente se echaron a correr por un despeñadero, y se ahogaron en el lago.

Los cerdos tienen más sentido común que mucha gente. La gente presume de las cosas demoníacas que hacen. Hacen desfiles celebrando la inmoralidad sexual de sus estilos de vida. Hablan de su pecado favorito en la radio o la televisión, y hacen burla con las calcomanías que le pegan a sus carros. Sin embargo, cuando los demonios entraron a esos cerdos, esos cerdos se suicidaron. Los cerdos tienen mucha más sabiduría que algunas personas.

El poder que el diablo—o cualquier otro demonio—usa en nuestra contra, es nuestro poder. Satanás no tiene nada de poder espiritual angelical, toda su autoridad proviene del hombre. La única razón por la que Satanás existe y opera es porque la gente coopera con él y le da poder. Es por eso que siempre busca un cuerpo que pueda habitar.

Hasta un cerdo tiene más autoridad en la tierra que un demonio. Una hormiga, una mosca, o un caracol tienen más poder en esta tierra que Satanás porque tienen cuerpos físicos. Un demonio no tiene absolutamente nada de poder a menos que pueda obtener un cuerpo físico que pueda usar.

## LA FORMA CORRECTA PARA USAR EL PODER

Dios es el autor de todo el poder y la autoridad. Cuando Él creó a la humanidad, le dio a Eva y Adán dominio sobre la tierra (Ge. 1:26-28). Dios nos dio—a los seres humanos—poder y autoridad para gobernar este mundo. La autoridad simplemente es el derecho de usar el poder. Dios le dio el derecho de usar ese poder a Eva y Adán.

Esencialmente, Dios dijo: "Aquí está mi poder. Ahora mismo te doy el derecho de usar Mi poder. Todo lo que he creado te va a obedecer a ti".

Dios es un Espíritu (Jn. 4:24). Satanás también es un espíritu (Ef. 2:2). Satanás no tiene un cuerpo físico, por lo tanto, no puede obligar a nadie a hacer nada; antes, él debe obtener su cooperación.

Muchos Cristianos ven a Satanás como un ser angelical con poderes sobrenaturales y autoridad sobre el hombre como los de Dios; se imaginan que los ataca y los vence, pero la verdad es que el diablo no puede obligarlos a hacer nada. Él perdió su poder cuando se rebeló en contra de Dios. El único poder y autoridad con el que Satanás opera ahora es con poder y autoridad humanos.

Es necesaria tu cooperación para que el diablo pueda hacer cualquier cosa en tu vida. Es por eso que busca a quién *pueda* devorar. Satanás no tiene la autoridad y el poder de devorarte a menos que dejes de obedecer a Dios y que te sometas al pecado. Romanos 6:16 dice que cuando te sometes al pecado en realidad te estás sometiendo al autor de ese pecado, que es Satanás. Satanás no puede simplemente venir y destruirte sin tu cooperación. Pero cuando tú pecas, tú le das poder al diablo.

## TRAJES TERRESTRES

La mayoría de la gente no lo ve de esta manera. Comprenden que de acuerdo a Las Escrituras. Satanás originalmente fue creado como un ángel. Los ángeles tienen más poder del que nosotros tenemos, pero no tienen más autoridad—derecho— para usar ese poder en la tierra. Sin embargo, la mayoría de la gente supone que Satanás tiene más autoridad y poder que nosotros, y eso los intimida. No se dan cuenta que él perdió todo su poder angelical cuando se rebeló, y ahora su autoridad está totalmente vinculada a nosotros. Como Dios dio autoridad sobre esta tierra, y sobre todo lo que sucede en ella a los seres humanos, Satanás—que no tiene un cuerpo físico—no tiene nada de poder a menos que se lo demos cuando nos sometemos y toleramos su lujuria, sus mentiras, su cólera, su amargura, su rencor, o cualquier otro pecado.

Por esto nuestras acciones son tan importantes. Tu cuerpo físico es lo que te da autoridad aquí en la tierra. Pablo—el apóstol—no tiene nada de poder o influencia sobre ti hoy en día. Él todavía está vivo, pero ya no está en un cuerpo físico; la única influencia que puede ejercer sobre alguien hoy en día, es a través de los escritos que dejó. La gente los puede leer y recibir su influencia. Sin embargo,

Pablo ya no tiene la autoridad de actuar y operar en esta tierra porque ya no tiene un cuerpo físico.

Yo tengo un cuerpo físico. En este momento tengo más autoridad y poder en esta tierra que el apóstol Pablo, porque él ya no tiene su traje terrenal. Este traje terrenal—mi cuerpo físico—es lo que me da poder y me da autoridad.

Satanás no puede hacer nada sin que alguien con un traje terrenal se someta a él. Por esto él constantemente está peleando por tu corazón, tratando de que te sometas a él a través de la cólera, el temor, el dolor, y la depresión. Cada vez que tú te apartas de lo que La Palabra de Dios dice y actúas en acuerdo a lo que el diablo está tratando de hacer, le estás entregando autoridad. Cada vez que dejas de creer y de recibir el poder y las capacidades sobrenaturales de Dios, y en cambio pecas, le das poder al enemigo. Satanás sólo puede operar mientras mantiene a la gente sometida a él mismo a través de las mentiras y el engaño.

Es triste decirlo, pero una de sus armas más poderosas de engaño ha sido la iglesia. La iglesia ha enseñado que Satanás es un poder superior. No lo es. En realidad él no está usando nada más que poder humano y autoridad humana, lo cual quiere decir que se requiere de nuestra cooperación para que él funcione.

## MI AUTORIDAD HUMANA

¿Significa esto que Satanás no es un elemento a considerar? No, sí debemos considerarlo. Hay millones de personas sobre la faz de la tierra que hoy están sometidas al diablo. Están viviendo en inmoralidad sexual, mentiras, engaño, dolor, miedo, odio, idolatría, y más. Cada vez que nos sometemos a algo negativo, le damos poder al diablo. Así que, sí, Satanás es un elemento con el que tenemos que tratar.

Pero en relación a mi vida privada, Satanás no puede hacer nada sin mi consentimiento y cooperación. Comprender que el poder y la autoridad que Satanás usa son facultades humanas—el poder que Dios me ha dado a mí, a un ser humano, para reinar y gobernar sobre esta tierra—ha puesto todo bajo una nueva perspectiva. Ahora en vez de sentirme intimidado por el enemigo, tengo valor para enfrentarlo. Comprendo que si empezara a actuar negativamente, a decir cosas equivocadas con mis palabras, y a tolerar emociones negativas, Satanás sacaría ventaja de eso. Él vendría en mi contra, se comería mi almuerzo, y no dejaría ni las migajas. No soy ignorante de sus maquinaciones, pero tampoco le tengo miedo. No le respondo pasivamente, sino que activa y decididamente lo resisto. Me doy cuenta que lo único que hace es atacarme con mi propia autoridad humana y mi propio poder.

Recibí un testimonio de una mujer que había practicado el satanismo antes de convertirse al Crsitianismo. Aun después de su conversión, tenía muchos problemas porque tenía miedo de que Satanás pudiera estar enojado con ella y tratando de castigarla porque se alejó de él. Cuando escuchó esta enseñanza de la Autoridad del Creyente, eso la liberó. Todos sus temores se esfumaron conforme se dio cuenta que el diablo no podía hacer nada sin su consentimiento y cooperación. ¡Estas verdades liberaron a esta preciosa hermana, y también te van a liberar a ti!

# Capítulo 7

# La Protección

A la luz de lo que hemos visto hasta aquí, debería ser más fácil comprender Efesios 6:10-11.

*Por lo demás, hermanos míos, fortaleceos en el Señor, y en el poder de su fuerza. Vestíos de toda la armadura de Dios, para que podáis estar firmes contra las asechanzas del diablo.*

La palabra asechanza literalmente significa: "Procedimiento engañoso para atraer a una persona a una situación dañosa para ella". El único poder que Satanás tiene es el engaño. Él no puede obligarte a hacer nada. Él no puede obligarte a pecar. La gente me dice: "No quiero cometer pecado sexual, pero no tengo poder. Satanás es más poderoso que yo". No es verdad, Satanás no tiene el poder ni la autoridad para obligarte a hacer nada. El problema es que él es un consumado mentiroso, bravucón y engañador. Todo lo que hace es un engaño. Cuando no conocemos la verdad sobre quiénes somos en Cristo y el poder que se nos ha dado, entonces—realmente— somos los que le estamos dando a Satanás el poder y la autoridad para gobernarnos y dominarnos; pero tú puedes quebrantar eso.

En una ocasión, estaba hablando con uno de los estudiantes de la escuela Bíblica. Cuando le pregunté algo en relación a cierta área de su vida, admitió: "Sé que estoy equivocado en esta área. Es rebelión y quiero vencer esto, sin embargo hay algo en mí que me impide hacer lo correcto. Me parece que no lo puedo vencer".

Le dije: "Déjame decirte cómo lo puedes vencer. Haz lo que se supone que debes hacer, pero que no sientes ganas de hacer, todos los días. No importa que no sientas ganas de hacerlo. Hazlo todos los días. Si empezaras a obedecer y a entregarle tus acciones al Señor, entonces Él dominaría más en tu vida". Por eso la Biblia dice que tienes que resistir las tretas, el engaño, las mentiras, y la falsedad del diablo.

Satanás tiene el propósito de engañarte, y te está atacando a través de la cooperación que obtiene de la gente. Los medios masivos de comunicación están llenos de lujuria y mentiras. Cada vez que te sometes a eso, tú eres el que le da poder al diablo para traer destrucción a tu vida.

## POR QUÉ VINO JESUCRISTO

Como Dios es un espíritu (Jn. 4:24), y Él le dio poder y autoridad sobre esta tierra a los seres humanos, habría sido injusto de Su parte si hubiera venido a intervenir en los asuntos del hombre. Dios no tiene un cuerpo físico, y Él le había dado el dominio a Eva y Adán, por lo tanto no habría sido pertinente intervenir y arreglar todo el desorden. Él tenía el poder para hacerlo, y como juez que es pudo haber dicho: "Muy bien, estoy cansado de todo este desorden. Voy a destruir a toda la raza humana".Y casi lo hizo con el diluvio en el tiempo de Noé. Como Dios es el creador y el dueño siempre ha tenido el derecho y el privilegio de destruir su creación; pero, exceptuando el juicio final, Él no tenía la autoridad de intervenir en los negocios del hombre y cambiar las cosas. Él no tenía esa autoridad porque le había dado la autoridad de reinar y gobernar a la humanidad (Sal.115:16). Dios habría sido injusto y deshonesto si hubiera venido a hacer eso, a pesar de que ellos no usaron esa autoridad como Él deseaba.

Es por esto que Dios tuvo que convertirse en un hombre. Ésta es la razón por la que Dios tuvo que mandar a Su Hijo, el Señor Jesucristo, a esta tierra. El meollo del asunto es la autoridad que se le dio a los seres humanos. Dios no tenía un cuerpo físico (Jn. 4:24), por lo tanto, no tenía la libertad de actuar sin restricciones en esta tierra. Él se tuvo que convertir en un hombre. Jesucristo—la Palabra hecha carne, el Dios-Hombre—se tuvo que convertir en una persona física para poder tener autoridad en esta tierra.

Dios no pudo haber salvado a la humanidad de ninguna otra manera. Mientras no obtuvo un cuerpo humano, estuvo limitado en lo que podía hacer. Él trató de actuar a través de la gente, pero todos estaban corrompidos, engañados, y eran controlados por el diablo.

> *Busqué entre ellos hombre que hiciese vallado y que se pusiese en la brecha delante de mí, a favor de la tierra, para que yo no la destruyese; y no lo hallé...Vio que no había hombre, y se maravilló que no hubiera quien se interpusiese; y lo salvó su brazo, y le afirmó su misma justicia*
>
> Ezequiel 22:30; Isaías 59:16

Como no había ninguna persona sin pecado, que fuera pura, y capaz de traer la justicia de Dios a la tierra, Él mismo tuvo que venir y salvarnos. Él le había dado el dominio de este mundo a los seres humanos, así que Él tuvo que convertirse en uno de éstos. Dios mismo tomó la forma de carne, y se limitó a Sí mismo a un cuerpo físico.

# 4,000 AÑOS

Dios, a través de Su Palabra, creó la manifestación física del cuerpo de Adán cuando Él tenía autoridad absoluta sobre la tierra.

**Dijo Dios: Hagamos al hombre.**

Génesis 1:26

Dios los creó al declarar palabras. Después de que los creó, declaró palabras dándoles dominio—autoridad y poder—sobre la tierra. Al hacerlo, Dios limitó Su propia autoridad. Los hombres se corrompieron a sí mismos al someterse al diablo y hacerlo el dios de este mundo. Dios ya no tenía el control. Él ya no tenía dominio sobre la tierra porque se lo había dado al hombre.

Por eso, Dios no podía, sin asistencia, declarar Su Palabra para la creación física del cuerpo de Jesús. Él tuvo que hablarle a los espíritus de los hombres—a los espíritus corrompidos en ellos—y ellos tenían que tomar esas palabras y declararlas con sus propias bocas. Verdaderamente, Dios se tomó cuatro mil años para encontrar suficientes personas que actuaran con suficiente fe para que declararan y profetizaran las cosas necesarias para que el cuerpo de Jesucristo fuera creado.

No podemos ni imaginarnos a cuántas personas Dios inspiró para que dijeran: "**La virgen concebirá, y dará a luz un hijo**" antes de que Isaías lo declarara (Is. 7:14). No hay muchos profetas a los que les gustaría tomar la palabra y dejar su huella en la historia por decir algo así. Isaías tuvo que haber actuado con mucha fe para decir algo así.

Después de que estas profecías habían sido declaradas a través de un período de cuatro mil años, el ángel se acercó a María y le dijo lo que sucedería. Ella se llenó de humildad y dijo:

*He aquí la sierva del Señor, hágase conmigo conforme a tu palabra.*

Lucas 1:38

El ángel tomó todas esas profecías—las palabras que Dios había declarado—y La Palabra entró al vientre de María.

*Aquel Verbo fue hecho carne, y habitó entre nosotros.*

Juan 1:14

Dios creó un cuerpo físico para que Jesucristo lo habitara declarando palabras por un período de cuatro mil años a través de hombres ungidos. Luego esas palabras entraron al vientre de María, y así es como Jesucristo fue concebido. Es por eso que Jesucristo tuvo autoridad en la tierra para hacer lo que hizo.

## PROTEGIDO DE LA LLUVIA

Ahora Satanás estaba en un aprieto. Dios siempre tuvo el poder de intervenir, pero Él le había dado la autoridad sobre la tierra a la humanidad; su capacidad para intervenir en los asuntos del hombre era limitada porque no tenía un cuerpo físico. Cuando el hombre se alejó de Él y le dio su autoridad y poder al diablo, el diablo empezó a oprimir a la raza humana. Dios quería redimirnos, pero necesitaba un ser humano—una persona con un cuerpo físico—aquí en la tierra, para que pudiera tener el poder para pelear con el diablo.

Cuando estás bajo un paraguas, te protege de la lluvia. A lo mejor está lloviendo, pero la lluvia no te está mojando. Cuando Satanás se rebeló en contra de Dios, se refugió bajo el "paraguas" de la autoridad que Dios le había dado a la humanidad. Satanás engañó a la humanidad, y ésta se sometió a él. Por lo tanto, esta autoridad humana escudó al diablo para que Dios no lo agarrara y lo despojara de todo su poder. Dios no hubiera podido lidiar con Satanás directamente sin violar Su Palabra porque les había dado autoridad sobre la tierra a personas con cuerpos humanos. Por esto Jesucristo tuvo que convertirse en un hombre.

Cristo lo dijo de esta manera:

*Porque como el Padre tiene vida en sí mismo, así también ha dado al Hijo el tener vida en sí mismo; y también le dio autoridad de hacer juicio, por cuanto es el Hijo del Hombre.*

Juan 5:26,27

Jesucristo dijo que la razón por la que Él tenía autoridad para hacer juicio es porque Él es el Hijo del Hombre.

## EL DIOS- HOMBRE

Ambos títulos: "Hijo de Dios" e "Hijo del Hombre" se refieren a Jesucristo. El título de Hijo de Hombre enfatiza Su naturaleza humana y aspecto físico. El título Hijo de Dios enfatiza Su divinidad y la presencia de Dios todopoderoso que habitó el cuerpo de Cristo. Jesucristo existió antes del comienzo de los mundos y Él creó todas las cosas (Col. 1:16-17). Jesucristo era Dios manifestado en carne (Ti. 3:16). Simultáneamente, Él era totalmente Dios y totalmente hombre. Por lo tanto, Jesucristo era el Dios-Hombre.

El título Hijo de Hombre se refiere a la naturaleza humana de Cristo. Así que cuando Jesucristo dijo que el Padre le había dado autoridad para hacer juicio porque Él era el Hijo del Hombre, se estaba refiriendo directamente al hecho de que tenía un cuerpo físico. Él siempre tuvo el poder como Creador, pero no tenía la autoridad para usar ese poder hasta que tomó un cuerpo de carne.

Todo esto es por la integridad de La Palabra de Dios. Después de que Dios le dijo a la humanidad: "Tienen dominio", ese dominio era de ellos. Él limitó Su propia autoridad y poder cuando nos los dio, y Dios nunca quebranta Su Palabra.

Uno de mis empleados le había pedido a Dios que le diera un carro. Cuando el Señor me bendijo con un mejor automóvil, le di mi automóvil anterior a este empleado. Era un automóvil muy bonito. Era nuevo cuando lo compré, y sólo lo habíamos usado por dos o tres años. Le di este carro como un regalo, y le endosé la factura.

Después de un año, este hermano se acercó a mí y me preguntó si yo estaría de acuerdo si él usaba ese automóvil para canjearlo por uno mejor. Le dije: "Puedes hacer lo que quieras con ese carro. No es mío, es tuyo". Él sintió que necesitaba obtener mi permiso, pero no era necesario. Yo le había dado ese automóvil sin condiciones. Legalmente era suyo. Él hubiera podido hacer lo que hubiera querido con ese automóvil.

Eso es integridad. Si le doy a alguien un carro y le endoso la factura—es suyo. Si unos años después encuentro a la persona a la que le di el carro poniendo en peligro la vida de sus vecinos por jugar carreras en zonas no autorizadas para eso—y ése no era mi propósito cuando le di el carro—estaría mal de mi parte dirigirme a él y decirle algo. Si verdaderamente se lo di—sin salvedades— entonces es su asunto, no el mío. Ahora él tiene la autoridad sobre ese automóvil.

## UN CUERPO FÍSICO

Así es como Dios nos dio autoridad sobre esta tierra a nosotros. Dios mismo estaba limitado hasta que se convirtió en un ser humano. Jesucristo no era solamente una persona física, sino que Él—Dios mismo—habitó un cuerpo físico en la tierra. Ahora el diablo estaba en un aprieto. Él había estado usando a Eva y Adán como rehenes, diciendo: "Dios, si Tú me haces algo, también vas a tener que destruir a las personas que creaste". Sin embargo ahora Jesucristo se había convertido en uno de los rehenes—en un ser humano con un cuerpo físico.

Jesucristo entró al reino del diablo y lo destruyó. Él despojó a Satanás de toda autoridad y poder, y lo redujo a un don nadie. El enemigo no tiene nada, pero nada de poder y autoridad para usarlo en nuestra contra. Todo lo que Satanás puede hacer es tentarnos. Si nos sometemos a él, estamos haciendo lo mismo que Eva y Adán hicieron—*estamos* entregando *nuestro* poder y autoridad humanos. Satanás no puede hacerte nada sin tu consentimiento y cooperación.

Esto es totalmente opuesto a lo que por lo general la iglesia ha enseñado. La mayoría de la gente piensa que Satanás es una fuerza poderosa que se debe tener en cuenta. Es verdad que Satanás existe, y no debes ignorar sus maquinaciones (2 Co. 2:11). Tienes que saber lo que está sucediendo. Pero el diablo no es alguien a quien debemos temer. Es alguien que tienes que reconocer y resistir, pero Satanás no puede hacerte nada sin tu consentimiento y cooperación.

Comprender esta verdad ha transformado mi vida y me ha dado una gran ventaja sobre el diablo. Ahora reconozco que si tengo un sentimiento, un deseo, una atracción, o un deseo de lujuria en alguna área, todo lo que debo hacer es renunciar a esas cosas que le están permitiendo a Satanás guiarme en esa dirección. Simplemente uso mi cuerpo para irme en la dirección opuesta. Lo que hago con mi cuerpo físico desata el poder de Dios o el poder del diablo.

## Capítulo 8

# ¿Es Éste Aquel Varón Que Hacía Temblar la Tierra?

Cuando Jamie y yo empezábamos a trabajar en el ministerio tiempo completo, nuestros ingresos eran muy bajos. En algunas ocasiones, yo aceptaba trabajos especiales para poder cubrir nuestros gastos. Un día, después de haber estado pintando una casa, llegué a mi casa sintiéndome tan enfermo que casi no podía ni pararme. Solamente quería acostarme en el sillón para descansar. Jamie estaba en la cocina preparándome el almuerzo; cuando me vio en el sillón, preguntó: "¿Qué tienes?"

"Me siento enfermo. No creo que pueda comer".

Ya le habíamos estado enseñando a otros creyentes estas verdades: "Tienes que usar tu cuerpo para dejar de someterte al diablo. No cooperes con él. Haz precisamente aquello que no quieres hacer. Resiste al diablo, y pelea en contra de él con tus acciones (Stg. 4:7)."

Jamie vino directamente a donde yo estaba y me levantó del sillón. Puso mi brazo sobre su hombro y empezó a arrastrarme por la casa, diciendo: "¡Necesitamos ese dinero. Vas a regresar a trabajar. Estás sano!" Me obligó a que me levantara y empezara a actuar como si estuviera sano. Me obligó a que practicara lo que había estado predicando.

Gloria a Dios, después de diez minutos los síntomas desaparecieron y me volví a sentir bien. Regresé a trabajar y me pagaron ese día. Gracias, Jesucristo.

## "¡ACTÚA CONFORME A LA PALABRA!"

La noche anterior a la ceremonia de mi ordenación en el ministerio, me lastimé la espalda al abrir la puerta descompuesta de nuestra cochera. Estábamos viviendo en Segoville, Texas, en esa época. Cuando me agaché y empecé a levantar la puerta, me atoré y algo tronó en mi espalda. El dolor que inmediatamente sentí por todo mi cuerpo era tan fuerte que me tiró en el piso.

Mi hijo que solamente tenía un año de edad, estaba conmigo y me vio tirado en el piso. Le dije: "Ve y dile a tu mamá", pero él se quedó ahí platicando conmigo con palabras de bebé. Finalmente, mi hijo entró a la casa y trajo a mi esposa. Cuando Jamie me vio tirado en el piso, yo tenía tanto dolor que todo lo que pude hacer fue susurrar: "Me lastimé la espalda".

"Pues, entonces, levántate". Jamie me levantó, oró por mí, y dijo: "¡Ahora bien, actúa de acuerdo a La Palabra de Dios!" En ese entonces necesitábamos que yo trabajara, así que Jamie fue firme conmigo.

Es una historia larga, pero empecé a hacer cosas con mi cuerpo. Mis omóplatos se habían desviado hacia atrás tanto que se tocaban. El dolor era muy intenso, sin embargo me obligué a hacer cosas que no quería hacer. Finalmente, después de un día, ya podía hacer algo de ejercicio y otras cosas. Aunque había recuperado movimiento, mis hombros todavía estaban torcidos hacia atrás.

Me fui a dormir esa noche y desperté al día siguiente cuando tenía mi cita para ser ordenado en el ministerio. Mis hombros todavía estaban jalados hacia atrás, sin embargo continué actuando con fe todo el día. Justo antes de que fuera al servicio para ser ordenado en el ministerio, declaré: "Voy a actuar como si estuviera sano, voy a ir a la ceremonia, y me van a ordenar". Cuando llegué a la iglesia, ya estaba sanado. Mis acciones contribuyeron en gran manera para que recibiera la manifestación de mi sanidad.

Tú no puedes acostarte en la cama actuando como si estuvieras enfermo, y al mismo tiempo desatar el poder sobrenatural de Dios. Debes aprender a usar tu cuerpo para resistir al diablo y para cooperar con el Señor. Si no activas tu fe y actúas de acuerdo a La Palabra, limitarás a Dios (Stg. 2:20).

## PODEMOS LIMITAR A DIOS

Dios es un espíritu (Jn. 4:24), y Él le dio dominio sobre esta tierra a los seres humanos (Gn. 1:26-28). Al hacerlo, Él limitó Su propio dominio y autoridad. Si no cooperamos con Dios, podemos limitarlo.

*Y volvían, y tentaban a Dios, Y ponían límite al Santo de Israel.*
Salmo 78:41 (Reina-Valera Antigua)

Sí, podemos limitar a Dios. Jesucristo enfrentó esto en Su pueblo natal.

*No pudo hacer allí ningún milagro...y estaba asombrado de la incredulidad de ellos.*
Marcos 6:5,6

No es que Jesucristo no quisiera hacerlo; Él no pudo hacer ningún milagro por la incredulidad de ellos. Hasta el Señor Jesucristo tenía que tener cooperación de la gente para desatar Su poder en sus vidas.

La religión dice: "Dios es soberano. Él controla todo". No, Él no lo hace así. Dios es soberano, porque es Rey de Reyes. Pero Él no controla todo lo que sucede en la tierra. Dios no está limitado en el sentido de que no tiene el poder. Él tiene el poder, pero le dio dominio sobre esta tierra a los seres humanos. Por Su propia integridad, Él no va a quebrantar esa autoridad y a violar Su propia Palabra.

Por lo tanto, Dios ha limitado Su propia soberanía y Su propia capacidad para intervenir en los asuntos de los hombres en la tierra. No tenía la autoridad de bajar a la tierra para arreglar el desorden que el hombre había creado hasta que Él mismo se convirtió en un ser físico.

## EL RESPETO A LA AUTORIDAD

Dios mismo opera conforme a estas leyes de autoridad. Dios mismo no va a violar Su propia Palabra.

Como hoy en día vivimos en una cultura donde la autoridad no es relevante, estas verdades pueden ser difíciles de comprender. La gente por lo general no se somete a la autoridad. Solamente hacen lo que están obligados a hacer y lo que se les exige, pero no respetan la autoridad. La gente burla la autoridad todo el tiempo. Una encuesta reciente mostró que la mayoría de los estudiantes hoy en día ha hecho trampa y no piensan que eso está mal. No están sometidos a la autoridad. Piensan que mientras no los atrapen, todo está bien. Eso está muy mal. Todo en la vida se basa en la autoridad.

Yo les enseño a los estudiantes de nuestra escuela *Charis Bible College* que tienen que ganarse el derecho para aconsejar a alguien. Tienes que ganarte el respeto de la persona antes de que puedas aconsejarle en relación a su vida personal. Esto funciona en todos los niveles.

Las maneras de "evangelizar" hoy en día no son efectivas, entre otras razones, porque son irrespetuosas y ofensivas. Las personas simplemente se acercan a un extraño, le avientan un folleto a la cara, y le dicen: "¡Te vas a ir al infierno. Arrepiéntete!" Luego tratan de obligar a la persona a que se someta a ellos y que "recite una oración". Sin embargo, ni siquiera han usado algo de cortesía para presentarse, o para preguntar: "¿Cómo estás? ¿Estás teniendo un buen día?" Estos supuestos "evangelistas" nada más llegan y se plantan enfrente. ¡Eso está muy mal!

## "¿QUIÉN ERES TÚ?"

Una vez que yo estaba en Kansas City, un hombre se acercó a mí al final de una reunión y empezó a criticar a mi esposa. Me dijo: "Si tú fueras un varón de Dios arreglarías esto. Harías que ella hiciera esto y aquello". Luego empezó a criticar y a darme todas sus opiniones sobre cómo debería vestirse mi esposa. Los que conocen a mi esposa, saben que ella se viste con mucha modestia; nunca usa cosas inadecuadas. No había nada de malo con ella. Este hombre simplemente tenía un montón de opiniones religiosas, que estaba tratando de imponernos, sobre las joyas, el maquillaje, y los estilos de peinado.

Lo detuve en medio de su ataque, y le pregunté: "¿Quién eres?"

Me dijo su nombre.

"No, quiero decir, ¿quién te dio el derecho de hablarnos así? No tienes derecho ni autoridad sobre mi esposa. Dios no murió para que tomaras Su lugar. Eres un don nadie. ¡Y no me importa cuál sea tu opinión!"

Por supuesto que este hombre se ofendió mucho. Reaccionó así: "¡Cómo te atreves a hablarme así!" Pero como él había tenido la audacia de enfrentarme, criticar a mi esposa, y decirme lo que yo tenía que hacer, decidí pagarle con la misma moneda y le dije: "Señor, usted no tiene autoridad en mi vida".

Yo nunca llegaría hasta donde está el Presidente de los Estados Unidos para empezar a decirle de buenas a primeras lo que debe hacer. No es porque me sienta inferior, o porque no crea que Dios me haya dado algunas cosas de valor que puedo compartir. Simplemente reconozco que tengo que ganarme ese derecho. Él tendría que preguntarme mi opinión. Yo no tengo un puesto superior al suyo. No puedo plantarme enfrente de él y empezar a espetar mis opiniones.

Esto es válido también para el empleado encargado de la correspondencia de una empresa; quizá tiene algunas ideas que podrían funcionar, pero él no puede irrumpir en la oficina del Gerente y empezar a decirle lo que debe hacer. Debe permanecer sometido a la autoridad. Ahora bien, si el gerente es un buen jefe va a pedir retroalimentación de parte de sus empleados; hasta podría en algunas ocasiones visitarlos y preguntarles: "¿Qué piensas?" Pero debe ser voluntario. El empleado no tiene el derecho—la autoridad—de acercarse a sus jefes y empezar a bombardearlos con sus opiniones.

Yo nunca me acercaría a alguno de esos pastores que veo en la televisión o escucho en la radio para empezar a corregirlos y a decirles cosas. He escuchado a algunos de ellos, y están totalmente equivocados. Dios me ha mostrado algunas verdades en Su Palabra que podrían ayudarles; sin embargo yo respeto a esas personas y me espero a que me inviten. No soy su supervisor, no están bajo mi mando. No tenemos esa clase de relación establecida. Yo nunca haría nada así.

## NO TE CONCIERNE

Sin embargo, todos los días alguien me trata así. A veces en una carta, una llamada por teléfono, un correo electrónico, o en persona, alguien que se considera a sí mismo como el estándar oficial para diferenciar entre lo correcto y lo incorrecto, me critica sin consideración. Sin embargo, esa persona nunca ha evangelizado, nunca ha liberado a nadie, nunca ha hecho nada, y aun así piensa que sabe todo.

Si pudieras comprender qué es la autoridad, dejarías de insultar a las personas. Debes ganarte el derecho para poder aconsejar a alguien.

Con anterioridad le he dicho a mis estudiantes de la escuela Bíblica: "Hay algunas cosas que yo sé de algunos de ustedes— problemas en su vida. Sin embargo, estos problemas están fuera del ámbito de la escuela y ustedes no me han pedido mi opinión. Si no hemos establecido una buena relación donde yo sienta que han sido francos conmigo y que me han dado libertad para aconsejarlos, no voy a hablar con ustedes sobre esas cosas". No me concierne.

Tengo que ver con asuntos que afectan a las personas cuando están en la escuela, pero no me entrometo en sus vidas privadas. Alguien podría pensar: "Bueno, eso está mal, deberías estar más involucrado". Bueno, yo creo que está mal que tú te entrometas en los asuntos de la gente. El meollo del asunto es la autoridad.

## DERROTADO

Dios es un Dios de autoridad. Él estableció un orden y no lo va a evadir. Cuando uno de mis empleados tiene un desacuerdo con su jefe, le digo: "Ve con tu jefe y habla con él sobre esto. No evadas a tu jefe tratando que yo contrarreste su opinión". Todo funciona mejor así y Dios es así. Él estableció la norma, y nosotros tenemos que reconocer que Dios mismo la obedece. Él no quiso intervenir en los asuntos de los hombres hasta que se convirtió en un Hombre. Cuando tomó sobre Sí la forma de un ser de carne y hueso, entonces tuvo la autoridad para enfrentar al diablo. Ésas son buenas noticias.

Satanás no obtuvo su autoridad directamente de parte de Dios. Él no tiene un poder angelical superior que pueda usar sobre la raza humana. El diablo fue despojado de todo su poder y autoridad angelicales. El poder y la autoridad que Satanás ha usado para reinar sobre esta tierra ha sido la autoridad que Dios le dio a la humanidad.

Cuando comprendes que Satanás no puede hacer nada en tu vida sin tu consentimiento y cooperación, lo bajas a un nivel donde ya no es un enemigo superior. Como es un experto engañador, todavía representa una amenaza porque puede mentirte. Debes conocer la verdad y estar alerta. Tú puedes resistirlo.

Yo sé que puedo ganar esta batalla. Puedo tomar el poder y la autoridad que Dios me ha dado, y enfrentar al diablo. No ignoro su existencia, pero tampoco le tengo miedo. He visto cosas maravillosas sólo porque reconozco que Satanás ya ha sido derrotado.

## EL CUARTO DE LA ABUELA

Como la mayoría de la gente que creció en America, verdaderamente no me preocupaba por los demonios. Había leído sobre ellos en la Biblia, pero pensaba que todos los demonios estaban en el extranjero en algún país tercermundista. No creía que había demonios aquí, o que podría toparme con ellos. Después me apasioné por el Señor y empecé a estudiar la Biblia con más detenimiento. Reconocí que el ámbito espiritual es tan real hoy como lo fue hace dos mil años. Me di cuenta que varias cosas eran demoníacas, entre ellas algunas enfermedades. Mis amigos y yo empezamos a sacar a los demonios de las personas y a ver la manifestación de cosas maravillosas.

Mi abuela me crió hasta los seis años aproximadamente. Después se enfermó de demencia senil, y murió cuando yo tenía ocho años de edad. Cuando ella murió, dejó algunos demonios en el cuarto que había ocupado en nuestra casa. Inmediatamente después de que falleció, me cambié del cuarto que estaba compartiendo con mi hermano al cuarto que había sido de mi abuela. Había allí un retrato de ella encima del tocador, y por las noches tomaba vida. Su imagen se salía del retrato y caminaba alrededor del cuarto. Como sólo tenía ocho años de edad, eso me aterrorizó. Sabía que eso era extraño, y que no debería ser así. Pero tenía miedo de decirle a mi mamá o a mi papá porque ellos habrían pensado que estaba loco, así que no dije nada al respecto. Pero tan pronto como pude, me cambié de ese cuarto y regresé con mi hermano. Mi hermano pensó: "Bien, entonces voy a tomar ese cuarto", y se cambió. No había pasado ni un mes cuando se regresó al cuarto conmigo. Luego mi hermana se cambió a ese cuarto y no tardó ni un mes en regresar.

Al siguiente año, dejamos ese cuarto de nuestra casa cerrado. Nunca nadie dijo nada, pero a nadie le gustaba estar ahí. Mi hermana mayor trajo a su bebé cuando yo tenía catorce años. Si el bebé estaba dormido y entraban a ese cuarto, se despertaba llorando. Si se salían del cuarto se tranquilizaba; entraban al cuarto y lloraba; salían y se tranquilizaba. Cuando yo tenía estudios bíblicos, la gente se esparcía por toda la casa para orar en pequeños grupos, pero nadie entraba a ese cuarto. Después de un tiempo mi cerebrito se iluminó y empecé a darme cuenta que algo estaba mal allí.

No mucho tiempo después me di cuenta que los demonios eran reales y que sí ejercían una influencia, así que decidí entrar a ese cuarto y sacarlos de la casa. Siempre teníamos cerrada la puerta de ese cuarto, así que entré y cerré la puerta. Empecé a reprender y atar y hacer todo lo que se me ocurría. Los pelos se me pusieron de punta, tuve miedo y se me puso la piel de gallina.

En medio de todo esto, recuerdo que pensé: "¡Dios mío, qué bueno que no puedo ver en el ámbito espiritual ahora. Si pudiera, vería a estos demonios enormes elevándose sobre mí con sus colmillos y sus garras!" Me imaginaba a estos monstruosos poderes demoníacos que estaban a unos pasos listos para devorarme, y solamente el nombre de Jesucristo los estaba deteniendo. Recuerdo que oré: "Dios mío, gracias porque no puedo ver lo que está sucediendo en el ámbito espiritual".

Inmediatamente, el Señor le habló a mi corazón, y dijo: "Andrew, si te mostrara el ámbito espiritual, en vez de ver a unos demonios poderosos con garras y colmillos, verías a unos diablitos. Te sorprendería. No son nada. Solamente tienen bocas grandes. Saben cómo gritar e intimidar. Presumen de grandes cosas, pero no pueden hacer nada". Tan pronto como el Señor cambió la imagen de unos demonios enormes a unos diablitos que no tienen ni poder ni autoridad, la fe surgió en mi interior. En vez de miedo, me sentí como Hulk el increíble. Un Espíritu de poder y valor vino sobre mí, y me deshice de esos demonios en un instante. Algunas personas podrían pensar: "Todo eso estaba en tu mente". Bien, yo no le dije a nadie, pero la próxima vez que tuvimos un estudio bíblico, la gente entró a ese cuarto sin pensar nada al respecto. Definitivamente algo había cambiado.

## EL ÚNICO PODER DE SATANÁS

Después de que el diablo en Isaías 14:12-14, se jactó de decir: "Yo haré esto, y yo haré aquello", este pasaje de Las escrituras continúa así:

*Más tú derribado eres hasta el Seol, a los lados del abismo. Se inclinarán hacia ti los que te vean, te contemplarán, diciendo: ¿Es éste aquel varón que hacía temblar la tierra, que trastornaba los reinos; que puso el mundo como un desierto, que asoló sus ciudades, que a sus presos nunca abrió la cárcel?*

Isaías 14:15-17

Este pasaje profetizó cómo finalmente la gente iba a responderle a Satanás. Por supuesto que todo esto ha sucedido ahora que Jesucristo literalmente destruyó al diablo a través de Su muerte, entierro y resurrección. Cuando veamos a Satanás como verdaderamente es, vamos a decir: "¿Es éste al que le permití que me mantuviera en esclavitud—este don nadie?" Así es Satanás. No tiene todo ese poder con el que la iglesia lo ha representado. El único poder que Satanás tiene proviene del hombre.

La humanidad hizo a Satanás. Somos los que le dimos poder. Dios creó a Lucifer—un espíritu ministrador, un ser angelical. La humanidad entregó el dominio que Dios nos dio, y son esta autoridad y poder humanos lo que Satanás usa. Por eso necesita poseer un cuerpo. Es por eso que un cerdo tiene más poder y autoridad en esta tierra que un demonio sin cuerpo. Satanás es un elemento a considerar, pero sólo porque la gente se somete a él. Si tú conoces la verdad, la verdad te hará libre (Jn. 8:32). ¡Ahora bien, ésa es una buena nueva!

## Capítulo 9

# Lo Que Tengo

Dios nos ha dado una autoridad extraordinaria. Como creyentes vueltos a nacer, Jesucristo nos ha dado aun más autoridad de la que tenían Eva y Adán. Ellos tenían autoridad sobre esta tierra. Sin embargo, después de que Cristo resucitó de entre los muertos, Él tenía autoridad en el cielo, autoridad en la tierra, y autoridad debajo de la tierra—en el ámbito demoníaco y el infierno (Fil. 2:10). Después de que Jesucristo resucitó, pero antes de Su ascensión, se dirigió a Sus discípulos y dijo:

> *Toda potestad* [autoridad, y poder para reinar] *me es dada en el cielo y en la tierra. Por tanto, id, y haced discípulos a todas las naciones, bautizándolos en el nombre del Padre, y del Hijo, y del Espíritu Santo; enseñándoles que guarden todas las cosas que os he mandado; y he aquí yo estoy con vosotros todos los días, hasta el fin del mundo. Amén.*
>
> Mateo 28:18-20

Como "por tanto" es una expresión que "se antepone a una oración que expresa una consecuencia de lo que antes se ha dicho o la conclusión a que se llega", Jesucristo esencialmente le estaba diciendo a Sus seguidores: "La autoridad y el poder que tengo, ahora se los doy. Vayan y continúen haciendo Mi obra, la obra que he comenzado".

La autoridad que tenemos como creyentes en Cristo hoy es superior a la autoridad que Adán tenía. Hemos recuperado todo lo que él perdió, y mucho más. Ahora tenemos autoridad sobre el ámbito demoníaco (Mt. 10:1,7,8).

## EL ANTIGUO EN COMPARACIÓN CON EL NUEVO

En comparación al Antiguo Testamento, hay una gran diferencia en la forma como el Nuevo Testamento habla sobre Satanás. Aunque el Antiguo Testamento casi no lo menciona, el Nuevo Testamento revela que Satanás es el que dio origen a diferentes clases de enfermedades, ataques, convulsiones, la ceguera, etc. El Nuevo Testamento revela que muchas cosas son de origen demoníaco.

¿Por qué Dios nos dio este conocimiento en el Nuevo Testamento, pero no en el Antiguo? Sencillamente porque, los santos en el Antiguo Testamento hubieran conocido estas cosas, ellos no hubieran podido hacer nada al respecto. No les habría beneficiado en nada saber que Satanás era el responsable de esto o aquello, porque no tenían la autoridad para reprender o atar al demonio.

Esencialmente, a la gente del Antiguo Testamento se les dijo: "Sométanse a estas leyes. Con sus acciones, hagan estas cosas y no hagan estas otras". Al someter sus acciones a Dios de esa manera, le daban autoridad a Él para actuar en sus vidas, y también limitaban lo que Satanás podía hacer. Fundamentalmente, éste era el enfoque en el Antiguo Testamento.

En el Nuevo Testamento, tenemos ahora una autoridad que nos ha sido dada y que nos capacita para llegar al fondo de las cosas. Como hemos recibido autoridad sobre demonios, podemos ir más allá de lo que vemos y lidiar con los poderes demoníacos que están causando enfermedades, y que están inspirando a la gente a actuar de cierta manera. Podemos ver resultados que la gente del Antiguo Testamento nunca hubiera podido ver.

Sin embargo, junto con esta autoridad superior que hemos recibido viene la responsabilidad. Esto significa que como el Señor nos dio tal poder y autoridad, si no los usamos, entonces detenemos Su intervención. Dios fluye a través de nosotros.

## EL PODER DE DIOS

Jesucristo nos dio poder y autoridad sobre el diablo.

*Habiendo reunido a sus doce discípulos, les dio poder y autoridad sobre todos los demonios, y para sanar enfermedades.*

Lucas 9:1

"Poder" aquí significa que tenemos capacidad y fuerza. También tenemos la autoridad para usar esa capacidad y esa fuerza. Pero con la autoridad viene la responsabilidad.

*Someteos, pues, a Dios; resistid al diablo, y huirá de vosotros.*

Santiago 4:7

Esto significa que si no resistimos al diablo, no huirá de nosotros. Aunque esto es muy simple, muy pocos creyentes lo comprenden.

Muchos Cristianos no están usando la autoridad que les ha sido dada. Cuando Satanás los molesta—a lo mejor a través de una enfermedad, de la pobreza, de la tragedia o de algún otro ataque demoníaco—se acercan a Dios como si no tuvieran ningún poder o autoridad. Le ruegan a Dios diciendo: "Señor, por favor cambia esta situación. Por favor quita al diablo de mi camino". No se dan cuenta que esto no está en el ámbito de la autoridad de Dios—Él nos ha dado esa autoridad a nosotros.

Esto es exactamente lo que Las Escrituras dicen: "Te doy poder y autoridad sobre todos los diablos" (Lc. 9:1). Dios nos dio autoridad sobre el diablo. Si una fuerza demoníaca te está atacando, tienes la autoridad de hacer algo al respecto. Ahora bien, sí tienes que ser suficientemente espiritual para discernir su origen. ¿Es verdaderamente espiritual, o solamente algo totalmente natural? Si verdaderamente es un ataque demoníaco, entonces eres responsable de deshacerte de ese demonio. Con el poder de Dios lo puedes lograr, sí, pero ese poder ha sido puesto bajo tu autoridad; si tú no lo usas, no será utilizado.

## DEBEMOS USARLOS

Muchos Cristianos que vienen a mí en busca de consejo y oración actúan como desvalidos. No comprenden que tienen autoridad. Le están rogando a Dios: "Por favor cúrame de esta enfermedad y hazme prosperar en mis finanzas. Por favor salva a esta persona". Le están rogando a Dios que haga cosas en relación a las cuales Él les dijo: "Tú tienes la autoridad de hacerlo".

Cuando Dios dice: "Tú resiste al diablo, y él huirá de ti", eso significa que si tú no resistes al diablo, no huirá. Dios no se va a encargar del diablo si tú no lo haces. Él ya derrotó a Satanás y lo despojó de su poder: Dios te dio autoridad, y si tú no la usas, Él no va a venir a reprender al diablo en tu lugar. La batalla no es directamente entre Dios y el diablo; es entre el diablo y nosotros. Dios nos ha abastecido con autoridad y poder, y debemos usarlos.

Algunas personas se preguntan: "Bueno, si es la voluntad de Dios que seamos sanos, entonces ¿por qué se murió esta persona? Dios nos dio el poder para ser sanos, no es nuestro poder, es Su poder, pero está bajo nuestra autoridad. Jesucristo nunca nos dijo que oráramos y le pidiéramos a Él que sanara a la gente. Él nos dijo id y:

**Sanad enfermos.**                                        Mateo 10:8

En los evangelios, Jesucristo nunca les ordenó a Sus discípulos que oraran por el enfermo; en cambio sí nos ordenó que sanemos al enfermo (Lc. 9:2; 10:9). Esencialmente la manera como oramos en la iglesia hoy en día es así: "Padre, sabemos que puedes hacerlo. Si es tu voluntad, por favor—te lo pedimos de rodillas—hazlo". Venimos como mendigos que están pidiendo algo. Y si no vemos que algo se manifieste, si no vemos un resultado instantáneo, nos preguntamos: ¿Por qué Dios no los sanó? No. Dios ya ha desatado todo el poder sanador necesario para que cada persona en este planeta sea libre de enfermedades y dolencias. Jesucristo sufrió las llagas, y ahora nos ha dado el poder para sanar al enfermo. Nos dio poder y autoridad sobre los demonios para echarlos fuera y para sanar enfermedades. Jesucristo nos dio ese poder, y es nuestra responsabilidad usarlo.

## ANDANDO, Y SALTANDO Y ALABANDO A DIOS

Imagínate a Pedro y a Juan cuando subían juntos al templo.

*Pedro y Juan subían juntos al templo a la hora novena, la de la oración. Y era traído un hombre cojo de nacimiento, a quien ponían cada día a la puerta del templo que se llama la Hermosa, para que pidiese limosna de los que entraban en el templo. Este, cuando vio a Pedro y a Juan que iban a entrar en el templo, les rogaba que le diesen limosna. Pedro, con Juan, fijando en él los ojos, le dijo: Míranos. Entonces él les estuvo atento, esperando recibir de ellos algo.*

Hechos 3:1-5

*Mas Pedro dijo: No tengo plata ni oro, pero* **lo que tengo te doy**, *en el nombre de Jesucristo de Nazaret, levántate y anda. Y tomándole por la mano derecha le levantó; y al momento se le afirmaron los pies y tobillos; y saltando, se puso en pie y anduvo; y entró con ellos en el templo, andando, y saltando, y alabando a Dios.*

Hechos 3:6-8

Date cuenta que en el verso 6 Pedro dijo: "Lo que tengo te doy". Hoy correrían a Pedro y a Juan de la mayoría de las iglesias del mundo si dijeran: "Tengo el poder para sanarte". Es popular que digamos: "No soy yo. Yo no podría sanar ni a una mosca". Bueno, es verdad que ninguno de nosotros puede sanar una mosca con nuestro propio poder, sin embargo no somos solamente humanos. ¡Somos renacidos! Y Dios nos dio poder y autoridad—el derecho y la capacidad para usar ese poder. Por lo tanto Pedro estaba en lo correcto cuando dijo: "Lo que tengo te doy".

Fíjate que en esta ocasión Pedro ni siquiera oró. La mayoría de la gente ha de haber pensado que eso era terrible. *¡¿Cómo se atreve a intentar sanar a alguien sin orar, y sin pedírselo a Dios?!* Yo no sé lo que tú piensas, pero yo estoy buscando resultados—y Pedro obtuvo los resultados correctos. Su manera de abordar esta situación es la adecuada. Pedro dijo: "Lo que tengo te doy". Pedro sabía que tenía poder. Sabía que tenía la autoridad para usar ese poder. Así que asumió su responsabilidad y lo usó. Por eso, aquel hombre fue sanado.

Ésta es la razón por la que mucha gente no está experimentando la sanidad. Están acercándose a Dios para rogarle y no comprenden que el poder no reside en el cielo. Dios ha colocado en el interior de cada creyente vuelto a nacer el poder para sanar. También nos ha dado la autoridad para usarlo, y eso nos hace responsables. Si alguien no sana, no es Dios el que no lo sanó—es porque no usamos nuestra autoridad y poder.

## NOS TOCA A NOSOTROS

Por supuesto que puede haber otras dinámicas involucradas. No siempre es la culpa del individuo que recibe, podría ser la culpa de las personas a su alrededor. Jesucristo operó con una fe absoluta, sin embargo tuvo que deshacerse de los burlones y de los incrédulos. Cristo operó con una fe perfecta, sin embargo…

*No pudo hacer allí ningún milagro…Pues se sorprendió mucho de que aquella gente no creyera en él.*
Marcos 6:5 y Marcos 6:6 TLA

La limitación no estaba en Él, sino en la gente a Su alrededor. La limitación no siempre se encuentra en la persona que está recibiendo la sanidad; podrían ser otros elementos los que influyeran. Sin embargo, el resultado siempre recae en alguna persona o grupo de personas que están limitando a Dios porque no están tomando y usando la autoridad que Dios nos ha dado. Estamos disminuyendo nuestra responsabilidad, y estamos tratando de poner toda la responsabilidad en Dios cuando decimos: "Depende de Él que esta persona reciba salvación, sanidad, o prosperidad". Eso está muy mal.

Necesitamos comprender y reconocer que no le toca a Dios sanarnos; nos toca a nosotros creer que Él ya nos sanó. Debemos recibir ese poder, tomar esa autoridad, y usarlos. Necesitamos hablarle a nuestros problemas y ordenar que las cosas cambien.

Si pudiéramos aceptar esta verdad, eso marcaría una gran diferencia en como suceden las cosas hoy. La mayoría de los creyentes en el cuerpo de Cristo creen que Dios puede hacer lo que quiera, sin embargo no creen que Él ya lo hizo. No creen que Él nos haya dado el poder para hacer cosas. Por lo tanto, no sienten ninguna responsabilidad para tomar y usar su autoridad. Aquí se encuentra el problema.

Dios ya hizo Su parte. Él puso el poder y la autoridad en nuestro interior, y esto nos hace responsables.

Para obtener más información sobre lo que Dios ya ha hecho y lo que ha colocado en tu interior por ser un creyente vuelto a nacer, te invitó a que obtengas una copia del libro *Espíritu, Alma y Cuerpo,* y de *¡Ya Lo Tienes!* Estas enseñanzas son esenciales, y verdaderamente te van a ayudar a recibir y experimentar lo mejor de Dios.

## FUIMOS SANADOS

A través de la muerte, el entierro, y la resurrección del Señor Jesucristo, Dios ya hizo Su parte. Ahora depende de ti que respondas con fe y recibas Su provisión. Es tu absoluta responsabilidad ser sano, próspero, y liberado. Esto depende del poder de Dios, pero Él lo ha puesto bajo tu autoridad.

Aunque estoy poniendo un fuerte énfasis en nuestra responsabilidad, no debemos sentir ninguna condenación (Ro. 8:1). El Señor te ama y quiere que comprendas estas verdades para que puedas disfrutar la vida abundante que Él ha proveído. Por eso es muy importante comprender nuestra responsabilidad.

A lo mejor te estás preguntando: "¿Así que tengo que hacer que todo esto suceda?" No depende sólo de ti—tu capacidad humana. La parte renacida de ti—tu espíritu—tiene el poder de Dios en sí misma. Al que cree todo le es posible (Mr. 9:23). Si tú comprendieras y creyeras que Dios ya hizo su parte, y luego actuaras con autoridad, podrías hacer que las cosas sucedieran.

Desde que comprendí y puse en práctica estas verdades, he visto mucho progreso en mi vida y en mi ministerio. Yo también, lo reconozco, durante años oré para que la gente recibiera sanidad.

Al principio veía a alguien sanar de vez en cuando, y no tenía ni idea de lo que estaba haciendo. Hasta un burro puede tocar la flauta de vez en cuando si persiste. Oré por tantas personas que de vez en cuando algo sucedía y veíamos la manifestación de la sanidad. Sin embargo, desde entonces, me he dado cuenta que el meollo del asunto no es que le pida al Señor que sane a la gente, sino más bien que me dé cuenta que Dios ya nos sanó de toda enfermedad y dolencia. La Biblia dice que por Sus llagas *fuimos*— tiempo pasado— sanados (1 P. 2:24). Ahora comprendo que Dios ha puesto Su poder en mí, y que depende de mí usufructuarlo. Dios ya hizo Su parte. Ahora debo tomar mi autoridad, hablarle a la montaña, y ordenarle a la gente que sean sanados. Por supuesto que la persona a la que le estoy ministrando también debe creer y cooperar, pero he visto un incremento extraordinario en el número de personas que sanan.

## JOHN G. LAKE

John G, Lake tuvo un ministerio de sanidades alrededor de 1900. Él fue tan efectivo al ministrar sanidad que el estado de Washington le dio una licencia para practicar medicina. Él fundó un hospital en Spokane, donde vivía, y vio tantos casos de sanidades (confirmados y documentados) que de hecho cerraron uno de los otros hospitales del pueblo.

En el hospital de Lake, no daban medicina, sólo predicaban La Palabra, ungían a los pacientes con aceite, y oraban con ellos hasta que veían la manifestación de la sanidad. Entrenó a otros para que ministraran sanidad, y los llamó "técnicos de sanidad". Cuando el paciente no podía venir al hospital, Lake mandaba a sus técnicos de sanidad para hacer visitas domiciliarias. Con base en Santiago 5:14-15, les daba una botellita de aceite y les decía: "No regresen hasta que los enfermos sanen".

Hoy esta clase de confianza sorprende a la gente. Piensan así: "¿Cómo podrías hacer eso? Tú no tienes control sobre esto. No tienes esa clase de autoridad. No es tu responsabilidad. Sólo debes pedirle a Dios que los sane. Quizá los sane, quizá no. Whatever will be, will be (lo que será, será). Mira, todo depende de Dios". Eso no es verdad.

John G. Lake y sus técnicos de sanidad sabían que Dios ya había hecho su parte para proveer sanidad y que ahora nos toca a nosotros tomar nuestra autoridad y usarla. El mayor período de tiempo que uno de esos técnicos de sanidad se tardó fue como treinta días. A veces literalmente vivían en la casa del paciente y le enseñaban La Palabra. Los edificaban en su fe, les ministraban, y los veían sanar porque Dios ya había hecho su parte.

Hay una gran diferencia entre sanar al enfermo y orar por el enfermo. Por lo general, la iglesia ha creído que Dios puede sanar, pero no que ya lo hizo. No creemos que ya nos delegó el poder y la autoridad. Así que cuando tienen una necesidad, se acercan a Dios como mendigos, le piden que sane a esta o aquella persona cuando la verdad es que Él ya hizo Su parte para producir esa sanidad. Dios ha puesto el poder sobrenatural de resucitar a los muertos dentro de cada creyente vuelto a nacer (Ef. 1:19-20), y es nuestra responsabilidad ordenar la manifestación de esas sanidades. En vez de suplicarle pasivamente al Señor y pedirle a Dios que lo haga, necesitamos convertirnos en comandantes—alguien que actúa con fe, toma su autoridad en Cristo, y ordena que el poder de Dios se manifieste.

## Capítulo 10

# Mandadme

Pedro actuó con fe, tomó su autoridad en Cristo, y ordenó que el poder de Dios se manifestara.

*Lo que tengo te doy, en el nombre de Jesucristo de Nazaret, levántate y anda. Y tomándole por la mano derecha le levantó; y al momento se le afirmaron los pies y tobillos; y saltando, se puso en pie y anduvo; y entró con ellos en el templo, andando, y saltando, y alabando a Dios.*

Hechos 3:6-8

La mayoría de la gente dice: "Bueno, yo nunca haría eso", es por eso que no están obteniendo los resultados que Pedro y Juan obtuvieron. Ésta es una de las razones por las que no estamos viendo más manifestación del poder de Dios.

Muchos Cristianos como tú tienen necesidad de un milagro; es crucial que lo obtengan. A lo mejor necesitas sanidad en tu cuerpo, dinero para cubrir una necesidad, o la restauración de tu matrimonio. Cualquiera que sea tu necesidad, estás orando y pidiéndole a Dios, pero no estás ejercitando tu autoridad sobre el enemigo, no estás hablando en contra del problema, y no le estás ordenando a la enfermedad que se vaya. Están actuando como un mendigo en vez de actuar como el comandante al que Cristo le dio autoridad y poder para actuar.

## ¿UN VIEJO PECADOR O SALVO POR LA GRACIA?

La religión dice: "No puedes hacer nada. Eres un gusano. No eres nadie". Eso es verdad si estás hablando de tu aspecto carnal, natural. Jesucristo dijo:

*Separados de mí, nada podéis hacer.*

Juan 15:5

Esto es absolutamente cierto. Separados de Cristo, no somos nada y no podemos hacer nada. Sin embargo, no estoy separado de Jesucristo, soy vuelto a nacer. El Espíritu del Dios viviente habita en mi interior, no soy solamente humano. Jesucristo mismo vive en mí y a través de mí (Ga. 2:20).

Los Cristianos que no reconocen que en Cristo se han convertido en una nueva creación no están tomando la autoridad que Dios les ha dado. No comprenden la autoridad del creyente. Vienen a Dios como mendigos, diciendo: "Soy un viejo pecador que fue salvo por la gracia".

No soy un viejo pecador que fue salvo por la gracia. Era un viejo pecador, pero luego fui salvo por la gracia. Ahora me he convertido en la justicia de Dios en Cristo Jesús (2 Co. 5:21). Es verdad que sin Dios no soy nada, pero no estoy sin Dios, Él vive dentro de mí. Ahora tengo la autoridad y el poder para ordenar la manifestación del poder de Dios.

## BAJO TU MANDO

Ahora bien, esta autoridad que Jesucristo nos ha dado sólo hace cumplir la ley espiritual. Si Dios no ha proveído algo, no podemos ordenar que ese algo se cumpla. Tomar y usar la autoridad que Jesucristo nos ha dado, no significa que "obliguemos" a Dios a hacer cosas.

*Así dice Jehová, el Santo de Israel, y su Formador: Preguntadme de las cosas por venir;* **mandadme acerca de mis hijos, y acerca de la obra de mis manos.**

Isaías 45:11

La última parte de este verso es una afirmación muy importante aunque mucha gente se escandaliza con esto. No pueden aceptarlo porque piensan que hacerlo sería actuar con autoridad sobre Dios, como si le dijeran: "Señor, Tú obedéceme. Te ordeno que hagas esto". Verdaderamente eso es ridículo.

Yo no soy Dios, no soy superior a Él, y no soy el que origina el poder. Dios no está a la expectativa de mis caprichos, y obedeciendo lo que le digo que haga. Eso no es a lo que Isaías 45:11 se refiere. El Señor dijo: "Mandadme acerca de mis hijos, y acerca de la obra de mis manos". Esto significa que Dios me ha dicho que le ordene a la obra de Sus manos—todo lo que Él ha proveído en Cristo— que se manifieste.

Es como la electricidad. La compañía de luz genera la electricidad—genera el poder. Tú no eres el que produce la electricidad. Podrías ponerte un foco en la boca, sin embargo nunca se prendería.  La compañía de luz genera la electricidad en la planta de energía y después la envía a tu casa. Tú has firmado un contrato, y esa energía está puesta bajo tu autoridad.

Si quieres usar esa energía, no llamas a la compañía de luz y les pides que vengan a prender la luz. No. Ellos ya generaron la energía y te la entregaron, ahora depende de ti que la uses. Cuando prendes el interruptor en la pared, estás ordenándole a esta energía eléctrica que fluya. Tú no eres el que la produce, sin embargo la energía está bajo tu control. Está bajo tu autoridad, por lo tanto usas esa autoridad y prendes el interruptor.

## ¡PRENDE LA LUZ!

Ahora bien, si la compañía de luz no genera la electricidad, no importa cuantas veces prendas la luz; si no hay energía allí, no va a suceder nada.

Si una persona que todavía no ha sido vuelta a nacer le hablara a la enfermedad, o a un demonio, y les ordenara que se fueran, eso no funcionaría. No sucedería nada porque no tienen el poder de Dios dentro de ella. Esto es lo que le sucedió a los siete hijos de Esceva (Hch. 19:11-16). Estos hombres que no eran creyentes vieron a Pablo echando demonios fuera de la gente en el nombre de Jesucristo, y trataron de hacer lo mismo. Pero los demonios que estaban dentro del hombre que ellos estaban tratando de liberar reaccionaron e hicieron que el poseído golpeara a esos siete incrédulos y los hiciera huir heridos. Si tú no estás conectado a la fuente de poder, si no eres verdaderamente vuelto a nacer, no puedes hacer lo que te estoy compartiendo. Pero si eres verdaderamente vuelto a nacer y has recibido el poder del Espíritu Santo con base en Hechos 1:8, entonces ese poder está en ti, y de ti depende que ordenes su manifestación.

Si llamaras a la compañía de luz y les dijeras: "Unos amigos van a venir a mi casa para almorzar conmigo. ¿Podrían prender la luz de mi casa? Necesito preparar la comida, tener la luz prendida, y poner música bonita.". No importa cuánto ruegues o qué tan importante es tu necesidad, la compañía de luz no va a mandar a nadie a prender la luz por ti. Ellos generan la energía, pero tú debes ejercer tu autoridad y prender la luz.

Muchos Cristianos hoy en día están orando y pidiéndole a Dios que venga y prenda su interruptor; no se dan cuenta que Él ha puesto ese poder dentro de ellos; no reconocen que es su responsabilidad prender su propio interruptor. No están creyendo La Palabra de Dios, que revela que ahora ellos tienen el poder, la autoridad, y la responsabilidad para ir a sanar al enfermo. En vez de ordenar y desatar este poder que han recibido, ellos oran y le piden a Dios que sane al enfermo. ¡Eso es tan ridículo como pedirle a la compañía de luz que venga a tu casa y prenda la luz!

## EL BURRO EN EL QUE VOY MONTADO

En una de las primeras ocasiones que un amigo mío fue a África, Dios trató con él respecto a este asunto. En sus reuniones, vio toda clase de milagros maravillosos, incluso a mucha gente que recibió sanidad. Consecuentemente, la gente de África estaba impresionada. Cuando mi amigo caminaba por las calles, la gente se acercaba a él gritando, dando de alaridos, y tratando de tocarlo. Al principio mi amigo reaccionó pensando: "¡No soy yo, es Dios. No pongan su atención en mí!" Pero antes de que pudiera decir algo, el Señor le habló al corazón, diciendo: "Cuando entré montado en el asna a Jerusalén, toda la gente tendía palmas y mantos en mi camino, cantando '¡Hosanna—gloria a Dios en las alturas!' ¿Qué habrías pensado si el asna sobre la que iba montado hubiera dicho, 'No soy yo, no soy yo.'?" El Señor continuó diciendo: "No están gritando por ti y no están tratando de tocarte a ti—lo hacen por Mí. Tú sólo eres el burro que monto". Cuando mi amigo se dio cuenta de eso, empezó a caminar permitiéndole a la gente que lo tocara.

Algunas personas se ofenden por esto y dicen: "¡Tú crees que eres alguien muy especial!" No, no soy nadie especial. En mí mismo no hay nada especial, sin embargo llevo dentro de mí la Persona más especial que ha vivido sobre la faz de la tierra. El Señor Jesucristo vive dentro de mí, y me ha dado Su poder y unción. Así como la sombra de Pedro tocó a la gente y fueron sanados, tengo fe que llegará el día cuando mi sombra toque a la gente y los sane. Alguien podría pensar: "¡Bueno, verdaderamente eres muy arrogante!" No soy yo, es al que llevo dentro. Él es la misma persona que Pedro llevó dentro de sí, y si funcionó para Pedro, funcionará para mí.

Muchos Cristianos están tan enfocados en la parte física, carnal, y natural de su ser que no reconocen que no son sólo humanos. No se dan cuenta que han recibido poder y autoridad sobrenaturales y por eso no están viendo la manifestación del poder de Dios.

Hoy en día hay una cultura religiosa que está en contra de todo lo que estoy enseñando. Ataca esta autoridad y trata de hacerte sentir que no eres nadie, que no tienes poder, ni autoridad. Vienes a Dios como un mendigo, pidiéndole que haga aquello que ya te dijo en Su Palabra que ya hizo. Él te dijo que salgas y lo representes. Así que deja de rogar y de suplicar, de lamentarte, y de pedirle a Dios que haga cosas que no le corresponde hacer. Toma las riendas, usa tu autoridad, y ordena que las cosas se manifiesten.

## EL CRISTIANO COMÚN Y CORRIENTE

Jesucristo comisionó a Sus discípulos y los envió diciendo:

*Sanad enfermos, limpiad leprosos, resucitad muertos, echad fuera demonios; de gracia recibisteis, dad de gracia.*

Mateo 10:8

Tú no puedes dar algo que no tienes. Si no crees que Dios ya ha hecho Su parte y que puso ese poder de resurrección dentro de ti, entonces no puedes sanar al enfermo, limpiar al leproso, ni resucitar a los muertos. Cómo me gustaría hacerte creer estas verdades; sin embargo, sé que estoy peleando en contra de cientos de años de tradiciones religiosas que han invalidado La Palabra de Dios (Marcos 7:13). Dios ya ha sanado a toda persona que pueda ser sanada. Ese poder ya ha sido generado y ahora está depositado en el interior de cada creyente vuelto a nacer, lleno del Espíritu, y que habla en lenguas. Tú tienes ese poder. No es la responsabilidad de Dios sanar al enfermo. Depende de nosotros creer, tomar nuestra autoridad, desatar el poder y ordenar que las cosas sucedan. Nosotros debemos darle—ministrarle—este poder a la gente.

Verdaderamente disfruto ver a nuestros estudiantes y egresados de *Charis Bible College* ministrar en nuestras conferencias regionales—reuniones para evangelizar, llamadas "La Verdad del Evangelio". En el pasado, cuando predicaba en las iglesias, después de que edificaba la fe de la gente con La Palabra me quedaba allí orando con ellos por horas. La gente venía a mí por montones, oraba por ellos y veía ciegos y sordos que sanaban, milagros, y diversas sanidades. Después de tres o cuatro horas de eso, me sentía entusiasmado, y también agotado. Me di cuenta que tenía limitaciones. Veía a toda la gente haciendo fila para recibir oración y sabía que no podría orar por todos.

Después empezamos a tener reuniones más grandes, en vez de reunir doscientas o trescientas personas, empezamos a tener quinientas o hasta mil personas en mis reuniones. No había manera de que yo les ministrara a todos ellos. Así que el Señor me dijo que les enseñara estas verdades a nuestros estudiantes de la escuela bíblica—las verdades de que tú tienes el poder dentro de ti y que puedes ordenar que las sanidades se manifiesten. Ahora estos estudiantes y egresados me ayudan a orar por las personas en estas reuniones que son más numerosas. En vez de que sólo pueda orar por cien gentes, juntos estamos orando por cuatrocientas o quinientas personas por noche. Estamos viendo ciegos y sordos que sanan, gente que se levanta de su silla de ruedas, y toda clase de milagros. Me da gusto saber que esto no tiene que suceder sólo a través del embudo del don sobrenatural de un individuo; ¡esto es para el Cristiano común y corriente!

## MINISTRA SU PODER A OTROS

Una de las personas que ahora nos ayuda a orar, nunca había orado por otra persona ni había visto un milagro en su vida. La primera noche que empezó a orar con la gente, oró por un hombre ciego que recibió la vista. Esta persona que nunca había orado por otra persona en toda su vida estaba tan entusiasmada que no pudo dormir en toda la noche. Regresó al día siguiente compartiendo con todo el grupo lo que había sucedido.

No estoy en contra de las personas que tienen un don sobrenatural. Hay un lugar para eso en el cuerpo de Cristo. Pero algunas personas han enseñado que tienes que ser uno de estos evangelistas con ministerios de sanidades y milagros para poder orar por la gente. No, eso no es verdad. A cada creyente que ha vuelto a nacer y es lleno del Espíritu Santo se le ha dado el poder para sanar al enfermo, limpiar al leproso, y resucitar a los muertos (Mt. 10:8). El Señor nos ha ordenado que demos—ministremos—ese poder a la gente.

## Capítulo 11

# Proclama y Demuestra

*En cualquier ciudad donde entréis, ...sanad a los enfermos que en*
*ella haya, y decidles: Se ha acercado a vosotros el reino de Dios.*
Lucas 10:8-9

Jesucristo nos dijo que sanemos al enfermo y que prediquemos
el Reino de Dios. Sin embargo, por lo general la iglesia ha optado
por ignorar la primera parte de nuestra comisión. La proclamación
y la demostración siempre deberían ir juntas. La Palabra de Dios
debe confirmarse con señales, maravillas, y milagros.

Las personas que pertenecen a la parte de la iglesia que cree en
el bautismo del Espíritu Santo desean ver milagros y sanidades; sin
embargo la manera como muchos de ellos tratan de lograrlo es a
través de rogarle y suplicarle a Dios diciendo: "Dios mío, te pido
que envíes a Tu Espíritu. Haz algo nuevo y envía avivamiento". Ése
no es el enfoque que la gente de la Biblia tuvo. Ellos creían que Dios
les había dado autoridad. Actuaron y produjeron el avivamiento,
ordenaron que el avivamiento se manifestara, y produjeron el
avivamiento con la manifestación de los milagros.

## MÁS QUE SÓLO DOCTRINA

Considera a los discípulos que habían sido arrestados y les habían prohibido que predicaran el Evangelio.

*Y puestos en libertad, vinieron a los suyos y contaron todo lo que los principales sacerdotes y los ancianos les habían dicho. Y ellos, habiéndolo oído, alzaron unánimes la voz a Dios, y dijeron: Soberano Señor...mira sus amenazas, y concede a tus siervos que con todo denuedo hablen tu palabra, mientras extiendes tu mano para que se hagan sanidades y señales y prodigios mediante el nombre de tu santo Hijo Jesús.*

Hechos 4:23, 24, 29, 30

Fíjate como oraron: "¡Dios, ayúdanos a predicar Tu Palabra!" ¿Cómo? "Mientras extiendes tu mano para que se hagan sanidades y señales". Ésta es la manera como la iglesia primitiva del Nuevo Testamento predicó el Evangelio. No sólo era doctrina. Había las dos cosas, proclamación y demostración con el poder del Espíritu. Ellos oraron: "Señor, ayúdanos a predicar Tu Palabra sanando al enfermo y viendo la manifestación de Tu poder". Así es como salieron a predicar, y ésa es la razón por la que vieron mejores resultados que la mayoría de las personas están obteniendo hoy en día.

Debería haber una diferencia entre la forma como predicas y como predican las religiones falsas. En esas religiones verdaderamente no son vueltos a nacer. No creen que Jesucristo es el Hijo Unigénito de Dios, el único camino al Padre. Sin embargo, cuando la mayoría de los Cristianos salen a tocar puertas para evangelizar, no se distinguen de los Testigos de Jehová o los Mormones. Todo lo que tienen es una doctrina.

La doctrina correcta es importante, pero no debería ser la única cosa que distinguiera a un verdadero creyente en Cristo de aquellos que no lo son. Un verdadero creyente es una persona que no sólo tiene una doctrina correcta sobre la identidad de Jesucristo sino que también puede demostrar quien es Él a través del poder y los dones del Espíritu Santo. La razón por la que esto no está sucediendo más es porque estamos orando y pidiéndole a Dios que haga lo que nos ordenó que hiciéramos.

## ORDENA QUE LA SANIDAD SE MANIFIESTE

El Señor nos dijo que sanemos al enfermo, no nos dijo que oremos y Le pidamos a Él que sane al enfermo. Dios es la fuente de poder, pero Él ha puesto ese poder dentro de nosotros. Nos dio la autoridad para usar Su nombre y Su poder. Si no ordenamos que la sanidad se manifieste, no sucederá. La sanidad no va a venir porque le roguemos y le pidamos a Dios que sane a la gente.

A lo mejor tú conoces a alguien que tiene una enfermedad incurable. Has estado orando y pidiéndole a Dios que sane. Has tratado de encontrar a Dios para recibir esta sanidad, y todavía no has visto la manifestación. Estás peleando en contra del temor, la duda, y la frustración. Necesitas reconocer que le estás pidiendo a Dios que haga lo que Él te pidió que hicieras. Dios te dijo que sanaras al enfermo. Te dijo que des—ministres—Su poder sanador. Al igual que Pedro y Juan tú necesitas tomar tu autoridad y ordenar que la salud se manifieste.

Cecil Paxton es un amigo mío que le enseña a la gente a recibir y ministrar sanidad. Él supervisaba nuestra línea telefónica de ayuda, pero ahora viaja mucho predicando, enseñando, y ministrando en todo el mundo. En la época cuando él vivía en Colorado Springs, un amigo de nosotros sufrió una embolia que le produjo ceguera. Cecil fue a la casa de esta persona y le ministró; tomó su autoridad y le ordenó a esos ojos que recuperaran la vista. En un instante, esos ojos que estaban totalmente ciegos recibieron la vista y nuestro amigo pudo ver perfectamente. Cecil tomó su autoridad en Cristo, ordenó que la sanidad se manifestara, y así sucedió.

## LA VOLUNTAD DE DIOS

Dios desea que toda persona responda a Su llamado y reciba salvación.

> *El Señor no retarda Su promesa, según algunos la tienen por tardanza, sino que es paciente para con nosotros, no queriendo que ninguno perezca, sino que todos procedan al arrepentimiento.*
>
> 2 Pedro 3:9

No es la voluntad de Dios que ninguna persona muera y se vaya al infierno. ¿Significa eso que todos recibirán salvación? No, obviamente no. Jesucristo dijo:

> *Entrad por la puerta estrecha; porque ancha es la puerta, y espacioso el camino que lleva a la perdición, y muchos son los que entran por ella; porque estrecha es la puerta, y angosto el camino que lleva a la vida, y pocos son los que la hallan.*
>
> Mateo 7: 13,14

La Biblia claramente revela que la voluntad de Dios no sucede automáticamente.

Así que por lo general la religión y la tradición hoy en día desvirtúan a Dios. Dicen: "Nada sucede sin Su aprobación directa o indirecta. O Dios lo hace, o lo permite". Esto no es lo que La Palabra enseña. La razón por la que esta doctrina es tan popular—y por la que la gente la acepta—es que les da un pretexto y los libera de toda responsabilidad personal. En otras palabras, tú puedes orar: "Señor si es Tu voluntad, por favor sana a esta persona. Si es Tu voluntad, restaura este matrimonio". Luego, si funciona—maravilloso; y si no funciona: "Probablemente no era la voluntad de Dios". Esta actitud nos saca totalmente de la escena. No tenemos responsabilidad u obligación en el asunto. ¡Esto está absolutamente mal!

## LA GENTE TIENE LIBRE ALBEDRÍO

Segunda de Pedro 3:9 claramente revela que no es la voluntad de Dios que ninguno perezca. Sin embargo, la gente está pereciendo—mucha gente. Dios no controla ni permite estas cosas. Él no es el que "predestinó" a algunas personas para que fueran salvas y a otras para que se perdieran. Hay muchas razones por las que la gente está pereciendo en vez de estar siendo salvos.

Cada individuo tiene libre albedrío. Dios no va a forzar a nadie para que sea salvo. Él respeta nuestro libre albedrío. Algunas personas —debido a las mentiras y el engaño del diablo, o porque han sido lastimadas, y ofendidas—están preocupadas por los afanes de esta vida, y por eso han rechazado todas las invitaciones e intervenciones de Dios en sus vidas. Así que, por voluntad propia, están optando por no aceptar a Jesucristo como su Señor.

Tú no puedes hacer que una persona sea salva por tu fe. Eso no es lo que La Palabra de Dios enseña.

Hechos 16:31 dice:

*Cree en el Señor Jesucristo, y serás salvo, tú y tu casa.*

En este contexto, esto significa: "Cree en el Señor Jesucristo y serás salvo. Y conforme cada miembro de tu familia crea en Él, ellos también serán salvos".

Cada persona debe creer en el Señor Jesucristo y recibir salvación por sí misma. Nadie puede hacerlo por ti, y tú no puedes hacerlo por alguien más. La gente tiene que tomar una decisión en este asunto.

## DESVIRTUANDO AL SEÑOR

Algunas veces el problema es que estamos desvirtuando el Evangelio, al Señor, y Su reino. No le estamos diciendo a la gente la verdad. Les estamos dando religión y tradición, y no estamos viviendo lo que predicamos.

Cualquiera que sea la razón, lo cierto es que muchas personas adoptan religiones falsas. A algunos les dicen que cometer asesinatos por motivos religiosos les da entrada al cielo, donde recibirán un harén que será suyo por toda la eternidad. Eso es totalmente absurdo, está completamente equivocado, y quebranta la verdad de La Palabra de Dios. Sin embargo, hay personas llenas de pasión y de una esperanza falsa que están haciendo estallar bombas en forma suicida y otras actividades semejantes. Hay doctrinas falsas que están mandando a mucha gente al infierno.

Si Dios no desea nada de esto, entonces ¿por qué está sucediendo? Dios nos dio autoridad, y con eso viene la responsabilidad. Para poder ver que la gente vuelva a nacer, debemos predicar el evangelio. Si la gente no está siendo vuelta a nacer, no es porque Dios no ha hecho todo lo necesario para proveer su salvación. No es porque Él no quiera que vuelvan a nacer. Esencialmente, todo se reduce a que la gente no ha tomado su autoridad y no la ha usado correctamente.

Quizás los creyentes no están predicando el verdadero Evangelio. Están predicando religión y tradición. A lo mejor algunos Cristianos dan un mal ejemplo con su estilo de vida. Quizá la persona perdida tuvo una mala experiencia con alguien que dijo ser creyente, y por eso se niega a escuchar sin prejuicios las verdades de las declaraciones de Jesucristo. De una manera u otra, es la gente la que está estropeando las cosas. Satanás da la inspiración, y hace todo lo que puede para que la gente se forme un prejuicio en contra del Evangelio; pero no es la voluntad de Dios que ninguna persona muera y se vaya al infierno. Sin embargo, eso está sucediendo.

Podemos aplicar la misma lógica con respecto a la sanidad, la prosperidad, y el matrimonio. La gente dice: "Bueno, si es la voluntad de Dios, la gente sanará ya sea que ores por ellos o no". Apliquemos la misma forma de pensar en relación a la salvación y a ver qué te parece: "Si es la voluntad de Dios, la gente será salva sin importar si evangelizamos o no". ¡Por supuesto que eso no es verdad! Tenemos una responsabilidad. Nos han dado poder y autoridad para predicar el Evangelio.

## PREDICA EL EVANGELIO

Eso es lo que estoy haciendo, estoy compartiendo La Palabra de Dios con tanta gente como puedo. Hay millones de personas que están siendo bendecidos por nuestros programas diarios de televisión, radio, e internet. La gente está escuchando La Palabra de Dios, y sus vidas están cambiando. Están recibiendo salvación, el bautismo en el Espíritu Santo, la sanidad, y la liberación. Siempre ha sido la voluntad de Dios liberarlos, pero ellos no habían escuchado la verdad. Alguien tuvo que cruzarse por su camino para compartir la verdad con ellos.

*¿Cómo, pues, invocarán aquel en el cual no han creído? ¿Y cómo creerán en aquel de quien no han oído? ¿Y cómo oirán sin haber quién les predique? ¿Y cómo predicarán si no fueran enviados?...Así que la fe es por el oir, y el oir, por la palabra de Dios.*

Romanos 10:14, 15, 17

No es la voluntad de Dios que ninguno perezca, sin embargo Dios necesita que la gente predique Su Palabra y que haga que las cosas cambien. Dios nos ha dado tanto la autoridad como la responsabilidad para predicar el Evangelio. Si no tomamos esa responsabilidad y usamos esa autoridad, La Palabra no se predicará y la gente no recibirá salvación. No es la voluntad de Dios que las naciones y el mundo estén en el desorden que están. Su voluntad es que nosotros reflejemos Sus valores, que nos sometamos a Él, y que resplandezcamos como una iglesia gloriosa. Sin embargo, esto no está sucediendo de esa manera porque la gente no Le está respondiendo adecuadamente a Dios.

Dejemos de rogarle a Dios que haga lo que ya nos dijo que hiciéramos. En vez de pedirle que envíe el avivamiento y que salve a la gente, necesitamos ir a predicar el Evangelio con milagros y señales. Tomemos lo que Jesucristo ya ha proveído y hagamos que se manifieste. Es Su poder lo que hace el milagro, pero es nuestra autoridad (que Él nos dio) lo que hace que ese poder actúe. El poder de Dios se desata conforme usamos nuestra autoridad. ¡Anímate, y prende la luz!

# Capítulo 12

## Sé un Testigo

*Entonces los que se habían reunido le preguntaron, diciendo: Señor, ¿restaurarás el reino a Israel en este tiempo? Y les dijo: No os toca a vosotros saber los tiempos o las sazones, que el Padre puso en su sola potestad.*

Hechos 1:6-7

Recuerdo a un hombre que escribió un libro en el que propuso 88 razones para probar que el Señor regresaría en 1988. Hablé con algunas personas que verdaderamente creyeron que lo que él había dicho era verdad. Con todo su corazón dieron por hecho que el Señor regresaría en 1988. Por supuesto que no fue así. Así que ahora él escribió otro libro dando 89 razones para demostrar que el Señor regresaría en 1989—y la gente compró también ese libro. Este autor se equivocó totalmente; sin embargo muchas personas volvieron a creer las cosas que dijo después. ¿Cómo puede alguien ser tan tonto y seguirse considerando racional?

Hechos 1:6-7 dice que no puedes saber los tiempos o las sazones en que Jesucristo vendrá para establecer Su reino permanentemente. Si alguien te dice que lo sabe, y está pronosticando alguna fecha, entonces puedes escribir *"Icabod"* en su frente (es un término del Antiguo Testamento "para indicar que la gloria de Israel había sido desterrada"; 1 Sam. 4:21 Nueva Versión Internacional). Te aseguro que está engañado, y que eso no proviene de Dios.

Inmediatamente después de que el Señor dijo: "No tienen el poder o la autoridad respecto a esas cosas porque el Padre las puso en Su sola potestad", continuó diciendo:

*Pero recibiréis poder, cuando haya venido sobre vosotros el Espíritu Santo, y me seréis testigos en Jerusalén, en toda Judea, en Samaria, y hasta lo último de la tierra.*

Hechos 1:8

Jesucristo le dijo a Sus discípulos: "Tendrás poder para ser mi testigo". ¡Imagínate! El Señor nunca te daría un cargo sin darte la autoridad para ejecutar y lograr lo que Te pidió que hicieras. Así que con este poder para ser un testigo viene la autoridad para serlo—y toda la responsabilidad que esto implica.

## A TRAVÉS DE LA GENTE

Pedro usó este poder y esta autoridad para ser un testigo cuando aceptó la invitación de Dios para ir a la casa de Cornelio.

*Había en Cesarea un hombre llamado Cornelio, centurión de la compañía llamada la Italiana, piadoso y temeroso de Dios con toda su casa, y que hacía muchas limosnas al pueblo, y oraba a Dios siempre. Este vio claramente en una visión, como a la hora novena del día, que un ángel de Dios entraba donde él estaba, y le decía: Cornelio. Él, mirándole fijamente, y atemorizado, dijo: ¿Qué es, Señor? Y le dijo: Tus oraciones y tus limosnas han subido para memoria delante de Dios. Envía, pues, ahora hombres a Jope, y haz venir a Simón, el que tiene por sobrenombre Pedro. Este posa en casa de cierto Simón curtidor, que tiene su casa junto al mar; él te dirá lo que es necesario que hagas.*

Hechos 10:1-6

Un ángel se le apareció a este centurión y dijo: "Cornelio, eres un hombre devoto. Dios a ha escuchado tus oraciones; ahora envía hombres y pregunta por Pedro. Él va a venir y te va a decir cómo ser vuelto a nacer". ¿Por qué este ángel no le habló del Evangelio a Cornelio? Hubiera sido más práctico que enviar hombres a una travesía de dos días (de ida) para traer a Pedro. ¿Por qué el ángel no le dijo cómo ser vuelto a nacer? La respuesta es simple: Dios le dio poder y autoridad a la gente para predicar el evangelio, no a los ángeles. Los ángeles no tienen la autoridad para predicar el evangelio—nosotros sí. Dios puso límites para que la predicación del evangelio se haga a través de la gente.

El plan de Dios es que nosotros prediquemos la verdad del evangelio, y que la gente lo escuche y sea vuelta a nacer a través de la incorruptible semilla de La Palabra de Dios. Sin embargo, Satanás ha venido a través de la enseñanza religiosa diciendo: "No tienes que compartir La Palabra de Dios, nada más ora para que la gente entre al reino de Dios". Así que ahora tenemos a todos estos Cristianos que están orando y pidiéndole a Dios que salve a la gente, pero que nunca comparten el evangelio con ésta.

He conocido personas que dicen que son "guerreros de la oración", que nunca se han salido del clóset. Su lista de peticiones es tan larga, que ni siquiera pueden leerla toda en una hora. Metódicamente repasan su lista y oran por todos, sin embargo no quieren evangelizar ni a un vecino. No le hablan de Cristo a la gente en el supermercado; no quieren hablarle al cartero. No comparten La Palabra de Dios con nadie, pero están orando para que "Dios haga algo grandioso". Esto es un engaño. Así no funciona. No puedes hacer que una persona entre al reino de Dios sólo con tus oraciones.

## LA FE VIENE POR EL OÍR

Tienes que ser vuelto a nacer de la semilla incorruptible de La Palabra de Dios.

*Siendo renacidos, no de simiente corruptible, sino de incorruptible, por la palabra de Dios que vive y permanece para siempre.*

1 Pedro 1:23

La Palabra de Dios es la semilla. Debe ser plantada en el terreno del corazón de la gente. Es como sembrar una semilla en el vientre de una mujer. No puedes procrear un hijo sin plantar una semilla. Sólo hubo un nacimiento virginal, y no va a haber otro. Tienes que salirte de tu clóset de oración y debes sembrar la semilla de La Palabra de Dios.

*Así que la fe es por el oír, y el oír por la palabra de Dios.*

Romanos 10:17

No puedes ser vuelto a nacer sin fe, y la fe viene a través de la semilla de La Palabra de Dios.

## PLANTA LA SEMILLA

No te puedes embarazar a través de una oración. Puedes recibir sanidad a través de la oración, y eso puede afectar tu capacidad para embarazarte, pero no te embarazas a través de la oración. He orado por muchas parejas que no podían tener hijos, y después de la oración pudieron tenerlos en forma sobrenatural; sin embargo mi oración no es lo que los convirtió en padres.

Una vez una mujer se acercó a mí y me pidió que orara para que se embarazara. Justo antes de que la tocara para orar por ella, tuve un presentimiento y le pregunté: "¿Estás casada?" Ella contestó: "No". Retiré inmediatamente mis manos porque no iba a orar por esta dama para que se embarazara si no estaba casada. Tener un embarazo fuera del matrimonio no es la voluntad de Dios.

Muchos Cristianos están orando para que la gente sea vuelta a nacer, sin embargo no están orando para que la semilla sea plantada. No están orando para que alguien se cruce por su camino y les predique el Evangelio (Mt. 9:38). No le están pidiendo al Espíritu Santo que les traiga a la memoria las palabras que Dios ya les ha dicho (Jn. 14:26). Estas personas simplemente piensan que sólo por orar pueden hacer que alguien entre al reino de Dios. Esto quebranta el poder y la autoridad que Dios nos dio cuando nos dijo que prediquemos el Evangelio. El ángel no le dijo a Cornelio cómo ser salvo, Pedro—un ser humano—tuvo que hacer eso. Tienes que entender que Dios le dio a la gente el poder, la autoridad, y la responsabilidad para predicar el Evangelio a la gente.

Puede ser que hayas estado orando por alguien por muchos años, y que sin embargo estés frustrado y preguntándote: ¿Por qué Dios no ha salvado a esta persona? Es porque no estás orando correctamente. Le estás pidiendo a Dios que lo salve como si hubiera algo que Él pudiera hacer. Él ya ha hecho Su parte para proveer salvación a través de la muerte, el entierro, y la resurrección de Jesucristo. El Señor nos comisionó para predicar el Evangelio. Si esa persona no ha recibido salvación, es porque no está escuchando el verdadero evangelio, o porque lo está rechazando. No es Dios el que no está salvando a esta persona. Hay formas de orar para acelerar las cosas y para permitirle al Espíritu Santo que le ministre aun más a esta persona, pero orar y pedirle a Dios: "Por favor, sálvalos", no sirve de nada. No es así como La Palabra nos enseña que debemos hacerlo.

## LA VERDAD

A lo mejor ahorita te sientes ofendido, pensando que estoy diciendo: "Dios está limitado en Su poder". No, estoy diciendo que Dios se ha limitado a Sí mismo por Su propia Palabra. Él nos dijo que prediquemos el Evangelio. Nos dijo que la gente es vuelta a nacer por la semilla incorruptible de La Palabra de Dios. Si no obedecemos Sus instrucciones, entonces no podemos esperar buenos resultados.

Si tú decides tomar esta posición: "Bueno, Dios mío. De todas maneras yo no le voy a hablar a la gente. No quiero correr el riesgo de sufrir la pena, la vergüenza, o la persecución que podrían surgir si predico La Palabra. Sólo voy a orar en mi clóset y voy a creer que Tú vas a hacer un milagro", entonces, es como si trataras de sacar agua de una piedra. No va a funcionar porque así no opera el reino de Dios.

Te estoy diciendo la verdad con amor. Si le pedimos a Dios que salve a alguien, pero no hacemos lo que nos ordenó que hiciéramos—predicar el Evangelio y evangelizar—no va a suceder. La gente debe ser vuelta a nacer a través de La Palabra de Dios. La oración no hace que la gente sea vuelta a nacer. La oración puede ayudar después de que se predicó el Evangelio, pero no es un substituto para dejar de hacer lo que Dios nos pidió que hiciéramos. La gente no vuelve a nacer a través de la oración; vuelve a nacer a través de escuchar la verdad.

**Y conoceréis la verdad, y la verdad os hará libres.**

Juan 8:32

El diablo ha engañado a la gente al inducirla a orar y pedirle a Dios que haga lo que Él nos ha ordenado que hagamos. Dios nos ha ordenado que prediquemos el Evangelio. A Cornelio se le apareció un ángel como respuesta a sus oraciones; sin embargo el ángel no le predicó el Evangelio. En cambio, le dijo que mandara a unos hombres a Jope para que trajeran a Pedro y que Pedro les dijera cómo volver a nacer. Los ángeles no tienen la autoridad para predicar el evangelio, Dios no les dio esa responsabilidad. Es nuestra responsabilidad.

## DIOS AMA A LA GENTE

Yo oro. Invierto mucho tiempo en mi relación con el Señor en comunión con Él y pasando tiempo juntos. La mayor parte de mi vida de oración se reduce a adorar a Dios, agradecerle al Señor, y pedirle sabiduría y dirección. En relación a mi ministerio hacia otros, le pido a Dios que me ayude a predicar Su Palabra con claridad y denuedo. Oro para que me dé conocimiento revelado, y que me ayude a mejorar mi capacidad para comunicárselo a otros.

Sin embargo, no invierto nada de tiempo pidiéndole a Dios que "actúe" y que salve a la gente. No oro así: "Dios mío, por favor impresiona sus corazones y haz que sean vueltos a nacer". No lo hago así porque sé que Dios los ama más de lo que yo los amo. Estoy convencido que Él quiere impactar sus vidas y quiere verlos volver a nacer. No le ruego diciendo: "Por favor ama a estas personas y actúa en sus vidas". Como Dios es amor, Él me ha motivado a hacer todo lo que puedo para predicar el Evangelio— transmitir programas diarios en la televisión y la radio por el mundo, regalar materiales en mi sitio de internet, traducir libros a muchos idiomas, inaugurar frecuentemente nuevos campus de *Charis Bible College,* continuamente—para compartir la verdad de La Palabra de Dios con tanta gente como sea posible. El Señor sabe que a medida que la gente recibe la verdad en sus corazones, será liberada.

Como sé que Dios ya ama a la gente y quiere ministrarles, no invierto tiempo rogándole, "por favor, actúa en las vidas de las personas". Estoy consciente de que lo que estoy compartiendo es muy diferente de la manera como mucha gente ora. Sin embargo, la mayoría de la gente no está obteniendo muy buenos resultados de su vida de oración. Si éste es tu caso, a lo mejor deberías probar algo diferente. Lo que te estoy compartiendo funciona.

En mi estudio titulado *Una Mejor Manera de Orar,* expongo el tema de la oración más ampliamente. Si quieres mejorar los resultados de tu vida de oración, te invito a que obtengas una copia.

## LA POLÍTICA Y LA ORACIÓN

Cuando empecé en el ministerio, solía rogarle a Dios para que enviara una manifestación de Su Espíritu. Organicé vigilias de oración de toda la noche en las que llorábamos, y nos lamentábamos, rogándole a Dios para que enviara un avivamiento. Había dividido la ciudad donde vivía—Arlington, Texas—en secciones, y oraba por cada una, diciendo: "¡Dios mío. Por favor toca a esta gente. Dios mío, necesitamos un avivamiento!" Le daba todas las estadísticas para convencerlo de lo importante que esto era, diciéndole: "¡Tienes que hacer algo!" Estaba tratando de manipular, motivar y de torcerle el brazo a Dios.

En una ocasión, mientras me devanaba los sesos buscando una frase de impacto, estas palabras salieron volando de mi boca: "¡Dios mío, si Tu amor por la gente de Arlington, Texas, fuera la mitad de mi amor por ellos, tendríamos un avivamiento!" Tan pronto como estas palabras salieron de mi boca, inmediatamente pensé: "Algo está mal con esta oración. Aquí estoy diciéndole a Dios que yo amo más a estas gentes y que tengo un deseo mayor que Él tiene de ver que alguien les ministre". Mi cerebrito se dio cuenta que estaba cometiendo unos errores muy graves.

Sin embargo, la mayor parte de la iglesia todavía está haciendo esto. Están rogando: "Dios nuestro, envía avivamiento. Oh, Señor, si Tú quisieras, podrías enviar a Tu Espíritu sobre nuestro país y las cosas cambiarían". Eso no es verdad. Dios actúa en esta tierra a través de Su gente (Ef. 3:20). Él actúa conforme predicamos, enseñamos, y actuamos en La Palabra. Él actúa a través de nosotros conforme obedecemos las sugerencias del Espíritu Santo. Hoy Satanás es el responsable de algunas de estas "corrientes" en el cuerpo de Cristo que nos inducen a hacer todo, menos a predicar el Evangelio.

Aunque es importante que los Cristianos ejerzan sus responsabilidades civiles y que voten, es una mentira del diablo hacernos creer que debemos poner toda nuestra fe, energía, esfuerzo, y esperanza en el sistema político. La actividad política tiene un lugar en la vida del creyente, pero no es el medio principal por el cual la iglesia debería influenciar a la nación. El proceso político no es la fuerza de la iglesia—el Evangelio sí lo es.

Los fundadores de los Estados Unidos de América—muchos de los cuales eran Cristianos dinámicos—dicen que la democracia sólo es adecuada para personas morales. John Adams (el primer Vice-presidente y segundo Presidente de los Estados Unidos de América) dijo: "Si algún día dejamos de ser morales, la democracia va a destruir a esta nación". Literalmente eso es lo que está sucediendo hoy. En América estamos legalizando la inmoralidad, cambiando la constitución, y estamos ignorando el objetivo de los fundadores de la nación.

## LA FUERZA DE LA IGLESIA

La verdadera fuerza de la iglesia, está en la predicación del Evangelio. Conforme La Palabra de Dios cambie los corazones de los hombres y las mujeres, el ambiente político lo reflejará. La razón por la que se están proponiendo tantas leyes que promueven la inmoralidad es que la iglesia no ha hecho su trabajo. No hemos estado predicando la verdad. Hemos dejado de influenciar los corazones de las gentes, y esas personas están usando el sistema político para establecer leyes que favorecen sus preferencias en relación al pecado. La iglesia sería mucho más efectiva si predicara el Evangelio y enseñara La Palabra para producir un cambio en las naciones en vez de que los creyentes se absorban totalmente en el proceso político, o que se encierren en su clóset por oras interminables, rogándole y suplicándole a Dios que envíe un avivamiento.

El Señor nos dijo que vayamos y prediquemos el Evangelio. Conforme la gente reciba la verdad en sus corazones, la verdad los liberará. Ahí está nuestra fuerza. Dios nos dijo que influenciáramos a las naciones al ministrar Su Palabra porque la principal fuente de poder para la iglesia es la proclamación y la demostración del Evangelio (Ro. 1:16).

En vez de predicar el Evangelio con denuedo, muchos Cristianos se han refugiado en su clóset para orar. Tienen miedo de decir algo enfrente de la gente y que la gente piense que están "en contra del sistema político". Así que corren al clóset para rogarle a Dios que envíe un avivamiento, y suplicarle que haga lo que Él nos pidió que hiciéramos.

*Agradó a Dios salvar a los creyentes por la locura de la predicación* [el Evangelio].

Corintios 1:21

Tú no puedes volver a nacer sin escuchar La Palabra de Dios. Como creyentes de esta época, hagamos hincapié en Su Palabra. Compartamos con denuedo la verdad con tantas personas como podamos. No usemos la política o la "oración" para evadir nuestra responsabilidad de predicar el Evangelio, mejor seamos fieles, persistentes, y poderosos testigos de nuestro Señor Jesucristo.

# Capítulo 13

# Cómo Orar por los Incrédulos

Me gustaría compartir contigo algunas maneras bíblicas para orar con eficacia por una persona incrédula. Esta clase de oración es como el agua. Después de que la semilla fue plantada, debe regarse. La oración no puede substituir el proceso de plantar la semilla. Puedes regar el suelo estéril cuanto quieras, sin embargo no producirá una cosecha. Debes plantar la semilla de La Palabra de Dios para que la gente vuelva a nacer. Sin embargo, las siguientes son unas buenas maneras de orar y regar la semilla que ha sido plantada.

Cuando empiezas a orar por una persona perdida, necesitas reconocer que Dios lo ama infinitamente más que tú.

*Porque de tal manera amó Dios a mundo, que ha dado a su Hijo unigénito, para que todo aquel que en él cree, no se pierda, mas tenga vida eterna.*

Juan 3:16

El Señor no quiere que esta persona perezca, sino que se arrepienta, que se acerque a Él, y que disfrute de la vida eterna.

*El Señor no retarda su promesa, según algunos la tienen por tardanza, sino que es paciente para con nosotros, no queriendo que ninguno perezca, sino que todos procedan al arrepentimiento.*

2 Pedro 3:9

Con esta perspectiva, tú podrías empezar agradeciéndole, diciendo: "Padre, te doy gracias que Tú amas tanto a esta persona que diste a Tu Hijo unigénito por ella. No es tu voluntad que perezca, sino que se arrepienta y que se acerque a Ti. Gracias Señor, que ya has pagado por su salvación".

*[Jesucristo] es la propiciación por nuestros pecados, y no solamente por los nuestros, sino también por los de todo el mundo.*

1 Juan 2:2

Dios no solamente ama a todo el mundo, sino que ya murió por los pecados de todo el mundo. Él ya pagó por éstos. La persona que se va al infierno se va allí con todos sus pecados pagados. Se va al infierno porque rechaza el pago—se niega a creer en, y a recibir a, el Señor Jesucristo.

## OBREROS EN SU CAMINO

Puedes continuar orando: "Padre, te agradezco que ya proveíste. Jesucristo, Tú fuiste el sacrificio expiatorio por los pecados de todos—no sólo de los que creen, sino también de los que no creen. Así que Padre, te agradezco que Tú quieres que sean salvos y que ya lo has proveído". Luego puedes ejercer tu autoridad y empezar a declarar las cosas que deben suceder. Como Dios tiene que fluir a través de una persona, puedes orar con base en Romanos 10:17.

*Así que la fe es por el oir, y el oir, por la palabra de Dios.*

"Padre, Tu Palabra dice que la fe viene por escuchar Tu Palabra. Así que estoy orando para que Tu Palabra se cruce por su camino".

*Rogad, pues, al Señor de la mies, que envíe obreros a su mies.*

Mateo 9:38

"Te pido que envíes obreros que se crucen por su camino. Tengo fe que ahora mismo alguien se está acercando a ellos para compartir Tu Palabra. Si están en un bar, permite que un predicador entre allí y les hable del Evangelio. Si están en casa viendo la televisión, oro para que encuentren un programa que exponga La Palabra. Si están manejando en el carro, permite que sintonicen el radio y que escuchen a alguien que está compartiendo las buenas nuevas. Padre, te pido que envíes obreros a su centro de trabajo. Que un compañero del trabajo se siente cerca de ellos y les empiece a decir cuánto los amas y cómo pueden volver a nacer".

## RECUERDA LA PALABRA

Ora para que La Palabra que ya han escuchado regrese a su memoria.

*Mas el Consolador, el Espíritu Santo, a quien el Padre enviará en mi nombre, él os enseñará todas las cosas, y os recordará todo lo que yo os he dicho.*

Juan 14:26

"Padre, oro para que La Palabra que escucharon cuando eran niños en la escuela dominical o en el catecismo regrese a su memoria". De alguna manera, ellos deben recibir la semilla incorruptible de La Palabra.

Luego ofrece tu servicio. No es eficaz orar así: "¡Dios mío, manda obreros que se crucen por su camino!", si tú no estás dispuesto a ser uno de esos obreros. Si tú tienes una oportunidad para decirles la verdad, aprovéchala. Reconozco que en algunas circunstancias y por diversas razones a lo mejor esa persona pudo haberte rechazado por completo. A lo mejor hay ciertos temas que esta persona no va a querer tratar contigo. Sin embargo, si tú puedes hablarle, hazlo.

Si yo estuviera orando para que Dios le traiga La Palabra a alguien y conforme estuviera orando, el Señor me dijera: "Tú ve y háblale", dejaría de orar e iría a hablar con esa persona. A lo mejor tendría que hablarle por teléfono, pero de alguna manera en ese mismo momento actuaría siguiendo las indicaciones de Dios. Ya no oraría más al respecto hasta que hiciera lo que Él me instruyó que hiciera.

## RESISTE AL DIABLO

También puedes ejercer tu autoridad y resistir al diablo.

*En los cuales el Dios de este siglo cegó el entendimiento de los incrédulos, para que no les resplandezca la luz del evangelio de la gloria de Cristo, el cual es la imagen de Dios.*

2 Corintios 4:4

Este versículo revela que hay un poder demoníaco que opera en la gente que no cree, y los ciega a la verdad para que la luz del Evangelio no les resplandezca. Dios necesita que alguien con un cuerpo físico tome su autoridad y desate Su poder, diciendo: "¡Ordeno que esta ceguera demoníaca y esta dureza de corazón se vayan en el nombre de Jesucristo!".

Ahora bien, necesito aclarar algo aquí. Como estás orando por otra persona—que tiene libre albedrío—posiblemente necesites orar por estas cosas por ellos una y otra vez. Orar así no es incredulidad porque ellos pueden estar cancelando tu oración cuando ejercen su libre albedrío.

Supongamos que tú oras por una persona para quebrantar la ceguera y la dureza de su corazón. Dios penetra su corazón, y de repente el engaño se va y La Palabra empieza a impactarla; empieza a recordar versículos y alguien empieza a cruzarse por su camino para ministrarle. Sin embargo, si esa persona no está lista para arrepentirse y para recibir la salvación, rechazará el llamado de su conciencia y la invitación del Espíritu Santo. Su propio libre albedrío tiene más poder y autoridad sobre ella que tú. Así que aunque has orado por ella y sabes que tu oración está funcionando, ella tiene el derecho de rechazarla. Si lo hace, entonces tienes que hacer esa oración por ella otra vez. Esto no significa que oraste una de esas oraciones con incredulidad. Tú crees que tu oración fue contestada, y así fue. Sin embargo, la persona todavía no ha respondido.

Así que vuelves a orar con fe, desatando tu fe para que Dios les ministre y destruya esa ceguera para que puedan ver a Cristo. Es de esperar que, conforme reciban el evangelio en más de una ocasión, finalmente éste los impresione y empiece a hacer mella en ellos. La razón por la que tienes que orar esta clase de oración vez tras vez es porque la otra persona constantemente está anulando tu oración cuando endurece su corazón.

## REMITE SUS PECADOS

Otra manera como puedes orar por esta persona es remitiéndole sus pecados.

*A quienes remitiereis los pecados, le son remitidos; y a quienes se los retuviereis, le son retenidos.*

Juan 20:23

Contrario a lo que algunas personas han enseñado, esto no significa que puedes perdonar sus pecados. Tú no tienes el poder de perdonar pecados. Sin embargo, puedes remitirlos.

Cuando en una persona que tiene cáncer, los síntomas no se están manifestando, se dice que el cáncer está en remisión. "Remisión" no significa que el cáncer desapareció, sólo que no hay señales visibles o físicas de éste. Así que cuando La Palabra dice que puedes remitir pecados, significa que puedes tratar con los efectos que el pecado causa en esa persona.

Cuando oras por un incrédulo, puedes destruir la ceguera demoníaca y la dureza de corazón. Puedes orar para que obreros traigan La Palabra de Dios por su camino, y que esa palabra regrese a su memoria. También puedes remitir sus pecados. Todas estas maneras de orar son bíblicas y efectivas. Aunque ellos puedan optar por resistir y rechazar la invitación del Espíritu Santo, tú puedes tener confianza en que a través de tus oraciones Dios continúa obrando en su vida.

## Capítulo 14

# ¿Cómo Sucede el Avivamiento?

Hay avivamiento cuando la gente está totalmente enamorada de Dios. Se experimenta una nueva vitalidad, y nuevas emociones en la relación con el Señor Jesucristo. En un avivamiento, el poder milagroso de Dios se manifiesta—la gente recibe sanidad, liberación, salvación, y el bautismo en el Espíritu Santo. En un avivamiento las iglesias están llenas y experimentan crecimiento, y personas de todas las clases sociales regresan a Dios.

Aunque estoy de acuerdo en que necesitamos avivamiento, éste no va a venir de la manera como la mayoría de la gente hoy en día está tratando de lograrlo. La mayoría de la gente enseña que para tener un avivamiento, debemos rogarle a Dios, bombardear el cielo, y agarrarnos de los cuernos del altar para sacudirlo hasta que Dios salga. Nos dicen que tenemos que "obligar" a Dios a que envíe un avivamiento. Sencillamente eso no es verdad.

## NO ES UNA ORACIÓN DEL NUEVO TESTAMENTO

Dios está mucho más motivado para enviar avivamiento que tú para recibirlo. Él desea ver que las naciones revivan y que lo sigan con todo el corazón. Él desea vernos sometidos al Espíritu Santo y aplicando las normas de santidad de La Palabra a nuestras vidas. El Señor quiere que vivamos en avivamiento mucho más de lo que nosotros mismos queremos.

Tú no vas a hacer que Dios marche a tu ritmo. No se trata de eso. Sin embargo, gran parte de lo que en estos días se dice respecto a la oración para el avivamiento se reduce a que le roguemos a Dios que envíe esto o que le supliquemos que nos dé aquello.

En realidad estos "intercesores" que están orando por avivamiento están obteniendo mucho reconocimiento. Ellos piensan que si no estuvieran "haciendo vallado", Dios simplemente se cruzaría de brazos y permitiría que el mundo entero se fuera al infierno. Ellos creen que Dios no se preocupa por el mundo. Piensan que están haciendo que Él se "arrepienta" cuando oran así: "Dios mío, arrepiéntete, acércate a nosotros".

Por favor no me malinterpretes, yo también solía pensar de esa manera. Por muchos años, le rogué y le supliqué a Dios con todo mi corazón para que enviara avivamiento. No estoy diciendo que la gente que hace esto está totalmente mal. Muchos de ellos reconocen que honestamente necesitamos un avivamiento, y anhelan ver la manifestación del poder de Dios, pero están tratando de recibirlo con base en el modelo equivocado que nos han dado.

La mayoría de estas personas suponen que Dios está tan molesto con nosotros que está reteniendo a Su Espíritu Santo. Como la humanidad (o la iglesia) se ha alejado tanto de lo que Él quiere que hagamos, creen que Él nos ha dado la espalda. Es como si estuviera con los brazos cruzados diciendo: "¡Olvídenlo!" Se imaginan a Dios con esta actitud, así que le ruegan: "¡Por favor, derrama Tu Espíritu sobre nosotros. Deja que tu Espíritu nos llene una vez más!" Y los intercesores toman La Palabra, y oran:

"¡Dios mío, ten misericordia de nosotros. Señor, no nos imputes nuestros muchos pecados. Te estamos pidiendo misericordia—misericordia!" Le están rogando a Dios que se acerque a la iglesia y le suplican que tenga misericordia por la raza humana. ¡Ésta no es una oración del Nuevo Testamento!

## MOISÉS

Los primeros versos de 1 Timoteo 2 hablan sobre orar por los reyes y por los que tienen autoridad. Luego, en el verso 5, La Palabra dice:

*Hay un solo Dios, y un solo mediador entre Dios y los hombres, Jesucristo hombre.*

Sólo hay un mediador—el Señor Jesucristo.

Un mediador es alguien que se coloca entre dos bandos que están enemistados, tratando de reconciliarlos. En el Antiguo Testamento, había una brecha entre Dios y el hombre. El pecado nos había separado, así que los mediadores—como Moisés—eran necesarios. Gálatas 3:19 dice que la ley del Antiguo Testamento fue…

Ordenada por medio de ángeles en mano de un mediador [Moisés].

Moisés estaba entre un Dios enojado y la gente pecadora. En Éxodo 32:12, oró:

*Vuélvete del ardor de tu ira, y arrepiéntete de este mal [con el que los has amenazado] contra tu pueblo.*

Ésa es una declaración muy radical. Una de sus creaciones fue la que le dijo a Dios que se arrepintiera. Es difícil de comprender, pero es exactamente lo que Moisés dijo. "¡Arrepiéntete, Dios, y vuélvete del ardor de Tu ira!" Y lo más sorprendente es que:

*Jehová se arrepintió.*

Éxodo 32:14

## "CONSUMADO ES"

Moisés actuó como mediador entre un Dios enojado y la gente pecadora. Esto funcionaba en el Antiguo Pacto porque Dios estaba enojado, el pecado lo había separado de la humanidad, y había un castigo (como resultado del juicio de Dios) con el que había que cumplir. Por lo tanto, era adecuado que Moisés actuara como mediador. Sin embargo, ahora que estamos en el Nuevo Pacto, Jesucristo se ha convertido en nuestro mediador (He. 7).

*Hay un solo Dios, y un solo mediador entre Dios y los hombres, Jesucristo hombre.*

1 Timoteo 2:5

Jesucristo es un mediador eterno entre un Dios Santo y la gente impía. Él pagó por nuestros pecados en la cruz, y tomó sobre Sí toda la ira y el castigo que Dios nos había impuesto. Esto no es sólo temporal—hasta la próxima vez que peques—es por siempre. Él pagó por todo el pecado—pasado, presente, y hasta el pecado futuro—para siempre (He. 10:10-14). Cristo ha reconciliado por siempre a Dios con el hombre, y los ha traído a una unión eterna llena de armonía (2 Co. 5:18-19). El que quiera recibirá este don de Dios. Cuando Jesucristo dijo en la Cruz: **"Consumado es"**, se estaba refiriendo a la ira de Dios (Jn. 19:30).

Por lo tanto, si Moisés hoy tomara la palabra y orara así: "Arrepiéntete, Dios mío, y vuélvete del ardor de tu ira", eso sería anti-Cristiano. Sería como oponerse a, y tratar de reemplazar, lo que Jesucristo ha hecho. El ministerio de mediación de Moisés en el Antiguo Testamento era apropiado porque Jesucristo todavía no había venido. Pero ahora que Él ha venido, el hecho de que nosotros oremos así: "Dios, arrepiéntete, no desates Tu ira en esta ciudad, en esta nación, o sobre esta gente. Ten misericordia de nosotros", es anti-Cristiano. Estás tratando de tomar el lugar de Cristo y de lograr lo que Él ya hizo.

La manera como la iglesia ha estado orando y rogándole a Dios está totalmente en contra de lo que Jesucristo vino a hacer. Es anti-Cristiano. La falta de comprensión del Nuevo Testamento ha hecho que mucha gente ore por el avivamiento de la manera en que lo hacen. El avivamiento no viene porque le rogamos a Dios; viene cuando reconocemos que Dios ama a la gente más de lo que nosotros la amamos y cuando comprendemos que Él nos quiere avivados mucho más de lo que nosotros mismos queremos. Necesitamos dejar de rogarle a Dios que envíe a Su Espíritu mientras esperamos pasivamente que caiga un rayo del cielo. Más bien, necesitamos alabar al Señor porque Él quiere estos resultados aun más que nosotros. Necesitamos creer en La Palabra de Dios y usar nuestra autoridad al salir y predicar el Evangelio.

## TODO EL AVIVAMIENTO QUE PUDIERAS IMAGINARTE

Si tú resucitaras a alguien de entre los muertos, tendrías todo el avivamiento que pudieras imaginarte. "¡Pero Andrew, no puedes resucitar a alguien de entre los muertos a menos que ya tengas un avivamiento!" No estoy de acuerdo con eso. Dios no está reteniendo el fluir de Su Espíritu, somos nosotros. Es el cuerpo de Cristo el que está tapando la tubería e impidiéndole a Dios que fluya. Lo que necesitas hacer es reparar la tubería.

Necesitas trabajar en ti mismo, diciendo: "Padre, por favor perdóname por mi incredulidad. Perdóname por no hacer lo que Tu Palabra dice. Tú dijiste que debemos ir y sanar al enfermo, limpiar a los leprosos, y resucitar a los muertos. He estado pidiéndote que envíes a Tu Espíritu y que hagas estas cosas sin mi ayuda. He estado suplicándote que actúes en forma independiente. Por favor perdóname por eso". Luego prepárate para la acción, toma La Palabra, y empieza a meditar en ella. Cuando veas en tu interior— con los ojos de tu corazón—ciegos y sordos sanados, demonios expulsados, y muertos resucitados, entonces empezarás a ver esto manifestarse también en el ámbito físico. ¡Tendrás un avivamiento!

Si empiezas a ver con regularidad a enfermos que sanan, la gente empezará a hacer agujeros en el techo para entrar a tus reuniones (Mr. 2:4). Si tu sombra sanara al enfermo que tocara (Hch. 5:15-16), habría un gentío a tu alrededor. Tendrías todo el avivamiento que pudieras imaginarte.

Estoy a favor del avivamiento. Estoy viendo el avivamiento en la gente— ciegos y sordos sanados, enfermedades terminales curadas, gente liberada de demonios, los muertos resucitados, y gente vuelta a nacer y bautizada en el Espíritu Santo. Por todo el mundo, estoy viendo millones de vidas cambiadas. Sin embargo, no le estoy pidiendo a Dios que lo haga, sino que estoy orando así: "Señor, yo sé que Tú deseas un avivamiento. Por favor ayúdame a ser el conducto de Tu amor y poder que debo ser". Me someto a Él, orando y teniendo comunión con Él, permitiéndole que me transforme a través de Su Palabra y de Su presencia. Luego salgo y predico La Palabra de Dios. Ordeno que las sanidades y los milagros se manifiesten, y empiezo a ver avivamiento. La gente esta siendo avivada.

A diario recibo correos electrónicos provenientes de Asia, África, y Europa que relatan cómo las personas han sido bendecidas. Han sido transformadas por La Palabra de Dios y el Poder del Espíritu Santo. No cambiaron porque yo estoy metido en un clóset rogándole a Dios. Él no está en el cielo con los brazos cruzados, diciendo: "¡Rueguen un poquito más. Reúnan a otras cien mil personas para orar. Y si no ayunan por lo menos dos veces por semana, no lo haré!" No, así no es. Dios está en el cielo con Sus brazos extendidos, tratando de desatar Su poder, diciendo: "¿Hay alguien que quiera creer en Mí? ¿Hay alguien que esté dispuesto a actuar y a empezar a declarar, a vivir, y a demostrar Mi Palabra?" Si tú estás dispuesto a hacer eso tendrás todo el avivamiento que puedas imaginarte. Verás que la vida de la gente empieza a cambiar.

## DIANA DE LOS EFESIOS

La manera como la gente está orando, parecería indicar que no tenemos influencia, autoridad, ni poder para establecer el reino de Dios es esta tierra. Nos acercamos a Él como mendigos, diciendo: "Dios mío, por favor actúa. Por favor ten misericordia de nosotros y por favor impacta nuestras vidas". Eso no está logrando nada bueno. Sólo está logrando que nos amarguemos y nos enojemos porque pensamos: "¿Por qué no ha actuado Dios? ¿Por qué no ha enviado a Su Espíritu? ¿Por qué Dios está permitiendo que esto continúe? ¿Por qué permitió que esta persona muriera sin ser salva?" Dios no es el que está permitiendo que estas cosas sucedan. Él no es el que está permitiendo que nuestro país se arruine por completo. Dios no hizo de América básicamente una nación que ya no es Cristiana. No es Dios el que no ha enviado Su Espíritu. Es su gente la que le ha estado rogando que haga lo que nos dijo que hiciéramos. No hemos creído en Su Palabra. No hemos ejercido nuestra autoridad. Hemos minimizado nuestra responsabilidad tratando de hacerlo responsable. Éste no es el modelo que vemos en el Nuevo Testamento.

En el Nuevo Testamento Jesucristo nunca nos dijo que le rogáramos a Dios para que sane a alguien y para que envíe a Su Espíritu. No puedes encontrar un ejemplo de que el Señor realizó Su ministerio de esta manera. El apóstol Pablo tampoco lo hizo así.

No hay ni un ejemplo de que el Apóstol Pablo alguna vez le pidió a su gente que "intercediera" para destruir la fortaleza de Diana de los Efesios. Este templo de Éfeso era una de las siete maravillas del mundo. Tenía más de mil sacerdotisas que tenían relaciones sexuales con los hombres que venían al templo para el culto. Como puedes imaginarte, por lo general el lugar estaba repleto de gente. Pablo no trató de hacer nada a través de la política; no organizó a la iglesia para que por medio de la oración, le rogara y suplicara a Dios que detuviera esa adoración idólatra. No se reunieron para practicar la "guerra espiritual", atando y reprendiendo a Diana de los Efesios. ¿Qué hizo Pablo? Él predicó y demostró el evangelio.

Pablo les dijo: "Diana de los Efesios no es nada. Esta estatua no cayó de Júpiter. Diana no es Dios. Sólo hay un Dios verdadero, y Su Hijo es el Señor Jesucristo". Esto es lo que hizo en Corinto, otra ciudad Romana conocida por sus muchos ídolos y por la adoración pagana. Él predicó la verdad, y Dios usó esa verdad para liberar a la gente. Pablo no organizó a los "intercesores" para cubrir todas las áreas de la región. Él no tuvo gente que practicara la "guerra espiritual" o "cartografía espiritual" [mapas de localización de espíritus]. Hoy la iglesia hace estas cosas con el propósito de tratar de producir un cambio en nuestra nación pero eso no es lo que Jesucristo nos ordenó que hiciéramos en La Palabra.

## EL EJEMPLO DEL NUEVO TESTAMENTO

En el Nuevo Testamento, los creyentes salieron y predicaron La Palabra por todos lados.

*Ellos, saliendo, predicaron en todas partes, ayudándoles el Señor y confirmando la palabra con las señales que la seguían.*

Marcos 16:20

Ellos proclamaron y demostraron La Palabra de Dios. Conforme predicaron la verdad, el Espíritu Santo dio testimonio sobrenatural de esa verdad. Tantas gentes se arrepintieron y se convirtieron al Cristianismo que el templo de Diana de Éfeso cayó en un estado de abandono. La gente lo abandonó porque la gente se alejó de Diana para acercarse a Dios. Diana de los Efesios no había sido un elemento a considerar por dos mil años hasta que "los intercesores" la resucitaron hace algunos años.

No es mi intensión ser áspero—sólo quiero confrontar tu forma de pensar con La Palabra de Dios. Muéstrame en el Nuevo Testamento un ejemplo donde se envía a la gente a países lejanos sólo con el propósito de orar y de destruir fortalezas espirituales. Muéstrame en La Palabra de Dios un ejemplo donde se manda a la gente en viajes misioneros pero se les prohíbe predicar el Evangelio y se les dice: "No evangelicen porque podrían criticarlos, castigarlos, o perseguirlos". Sin embargo eso es lo que se está haciendo hoy en día. Estamos gastando millones de dólares para enviar a la gente a países extranjeros y sólo se les permite caminar por ahí y orar. Tú no puedes encontrar en Las Escrituras un modelo de esto. A lo mejor podrías distorsionar y alterar uno o dos versos, pero si ves La Palabra sinceramente—leyéndola y creyéndola sin malinterpretarla—no puedes encontrar ejemplos de esto.

Sin embargo, sí puedes encontrar versículos donde oraron para tener valor.

*Ahora, Señor, mira sus amenazas, y concede a tus siervos que con todo denuedo hablen tu palabra, mientras extiendes tu mano para que se hagan sanidades y señales y prodigios mediante el nombre de tu santo Hijo Jesús.*

Hechos 4:29,30

Pablo les pidió a sus amigos que oraran para que él tuviera valor a pesar de lo difícil de sus circunstancias.

*Orando… por mí, a fin de que al abrir mi boca me sea dada palabra para dar a conocer con denuedo el misterio del evangelio, por el cual soy embajador en cadenas; que con denuedo hable de él, como debo hablar.*

Efesios 6: 18-20

La Autoridad del Creyente

Los creyentes del Nuevo Testamento oraron para tener valor, y para ser testigos fieles a pesar de la oposición; pero no le pidieron a Dios que "soberanamente" derramara Su Espíritu sobre los incrédulos sin que ellos tuvieran que predicar, testificar, y hacer su parte. Simplemente no hay un ejemplo en Las Escrituras de algo así. Esencialmente, ésa es la razón por la que la influencia que la iglesia está teniendo sobre nuestra generación no está siendo la sal y la luz que debería ser. Verdaderamente no estamos siguiendo el ejemplo del Nuevo Testamento.

## EL PODER DE DIOS

Cuando Jesucristo le dio poder y autoridad a la iglesia, eso trajo consigo la responsabilidad. Necesitamos usar nuestra autoridad, y predicar La Palabra de Dios. Necesitamos decirle a la gente la verdad que el Señor ha depositado en nuestras vidas. Conforme ellos reciban esa verdad en sus corazones, sus vidas cambiarán. Muchas personas han rechazado la predicación que han escuchado porque no era el verdadero evangelio. Solamente era una religión sin poder y una tradición sin vida, sólo era condenación y juicio. Ése no es el mensaje del Evangelio. Necesitamos predicar las buenas nuevas de la salvación por fe en el Señor Jesucristo. El Evangelio es el poder de Dios (Ro. 1:16).

Mi estudio titulado *La Gracia, El Poder Del Evangelio,* es un análisis más profundo de este tema. El libro de Romanos es la obra maestra del Apóstol Pablo sobre la gracia de Dios. En éste, él claramente revela qué es el Evangelio—este poderoso mensaje de buenas nuevas que debemos predicar.

## Capítulo 15

# Cree y Recibe

Como creyentes del Señor Jesucristo, es nuestra responsabilidad predicar valerosamente el Evangelio y enseñar La Palabra de Dios con diligencia.

*Porque todo aquel que invocare el nombre del Señor, será salvo. ¿Cómo, pues, invocarán a aquel en el cual no han creído? ¿Y cómo creerán en aquel de quien no han oído? ¿Y cómo oirán sin haber quién les predique? ¿Y cómo predicarán si no fueren enviados? Como está escrito: ¡Cuán hermosos son los pies de los que anuncian la paz, de los que anuncian buenas nuevas!... Así que la fe es por el oir, y el oir, por La Palabra de Dios.*

Romanos 10: 13-15, 17

La manifestación del Espíritu Santo en el día de Pentecostés captó la atención de la gente. Aprovechando la oportunidad, Pedro tomó la palabra y predicó sobre Cristo. La gente respondió preguntando: "¿Qué debemos hacer para ser salvos?" Pedro contestó:

*Arrepentíos, y bautícese cada uno de vosotros en el nombre de Jesucristo para perdón de los pecados; y recibiréis el don del Espíritu Santo. Porque para vosotros es la promesa, y para vuestros hijos, y para todos los que están lejos; para cuantos el Señor nuestro Dios llamare.*

Hechos 2:38,39

Si consideramos el contexto—el día de Pentecostés—y revisamos Hechos 1:4-5 y 8, es evidente que la promesa de la que se habla aquí es el derramamiento del Espíritu Santo. La mayoría estaría de acuerdo en que el derramamiento del Espíritu es parte del verdadero avivamiento. Pedro estaba diciendo: "Lo que has visto—este derramamiento del Espíritu Santo, esta manifestación de la venida del Espíritu de Dios, la presencia interna del Espíritu Santo, y las manifestaciones milagrosas que esto ha originado—no son solamente para ti, sino también para tus hijos, y para los hijos de tus hijos y para todos los que crean". Pedro estaba viendo hacia el futuro, pensando en las generaciones por venir, diciendo que la promesa del derramamiento del Espíritu Santo que ellos estaban experimentando también es para nosotros hoy.

## ESPERANDO AL ESPÍRITU SANTO

Dios nunca dejó de derramar Su Espíritu. El propósito era que la promesa pasara de generación en generación a todos los creyentes a través del tiempo. El hecho de que el bautismo en el Espíritu Santo y los dones del Espíritu Santo han sido extensamente reconocidos y recibidos por el cuerpo de Cristo en general, sólo durante aproximadamente los últimos cien años, no se debe a que el bautismo y los dones no estuvieran disponibles con anterioridad. Un estudio sin prejuicios de la historia de la iglesia revelará la existencia de grupos de creyentes a través de los siglos desde la época del libro de los hechos que recibieron el Espíritu Santo y que actuaron con Su poder. Sin embargo, al pasar del tiempo—quizá cerca del principio de lo que hoy llamamos la Edad Media—la iglesia en general, por diferentes razones, dejó de creer y de recibir esta promesa.

En los primeros días del avivamiento de la calle Azusa, de Los Ángeles, California, que empezó en 1906 y en el comienzo del movimiento Pentecostal, la gente no comprendía claramente cómo era que recibían esta poderosa manifestación del Espíritu

Santo. No comprendían con exactitud qué fue lo que hicieron—si es que habían hecho algo—para ocasionar esa manifestación. Una de las principales enseñanzas que surgieron en los primeros días del movimiento Pentecostal fue "esperar" al Espíritu Santo. Esta doctrina dice: "Tienes que rogarle y suplicarle a Dios que derrame Su Espíritu Santo y que te llene con Él". Ellos simplemente esperaban—a veces por años—para tener una experiencia fenomenal en la que Dios los tocaría y los bautizaría en el Espíritu Santo.

Hoy en día, parecería que nos hemos ido al otro extremo. Mucha gente reconoce que nunca ha escuchado nada sobre el bautismo del Espíritu Santo. Cuando un ministro les pregunta si les gustaría recibirlo, contestan: "Bueno, creo que sí". No saben por qué necesitan al Espíritu Santo. No se imaginan lo que va a suceder. No lo desean. He visto gente que recibe oración para recibir el bautismo en el Espíritu Santo, regresan a sus asientos, y parecería que no impactó su vida en lo más mínimo. Eso tampoco está bien. No debería ser así.

Un beneficio de la manera como los antiguos prosélitos del movimiento Pentecostal lo hacían era que cuando finalmente lo recibían, para ellos era algo muy especial. Oraban intensamente, sufriendo dolores de parto ante Dios, a veces por años. Pero ya que lo recibían, el Espíritu Santo ejercía un fuerte impacto en sus vidas.

Hoy sabemos que no tenemos que "esperar" a que Dios derrame Su Espíritu. No tenemos que rogar y suplicar para que Dios mande a Su Espíritu. Simplemente podemos creer y recibir el don gratuito que Él nos ha dado. Sin embargo, habría sido maravilloso ver el deseo ardiente que esa clase de "espera" producía.

## VAYAN A JERUSALÉN

En el libro de los Hechos, Jesucristo les dijo a sus discípulos que esperaran.

*Estando juntos, [Jesucristo] les mandó que no se fueran de Jerusalén, sino que esperasen la promesa del Padre...seréis bautizados con el Espíritu Santo dentro de no muchos días.*

Hechos 1:4-5

En ese tiempo, Jesucristo ya había resucitado, pero todavía no había ascendido. Todavía estaba con Su cuerpo en la tierra. Sin embargo poco tiempo después de Su ascensión, derramó al Espíritu Santo sobre sus discípulos en el día de Pentecostés. Ahora que el Espíritu Santo ya ha sido dado, ya no es necesario esperar.

Ahora bien, si vas a tomar literalmente esta exhortación de esperar, entonces también debes ir a la ciudad de Jerusalén para hacerlo.

*He aquí, yo enviaré la promesa de mi Padre sobre vosotros; pero quedaos vosotros en la ciudad de Jerusalén, hasta que seáis investidos de poder desde lo alto...* [Jesucristo] *les mandó que no se fueran de Jerusalén, sino que esperasen la promesa del Padre.*

Lucas 24:29; Hechos 1:4

Jesucristo les dijo a sus discípulos que esperaran porque era necesario que transcurrieran más o menos cincuenta días más hasta el día de Pentecostés. Sin embargo, ahora que el Espíritu Santo ya ha sido derramado, simplemente puedes creer y recibir.

He visto a miles y miles de personas recibir el Bautismo del Espíritu Santo, hablar en lenguas, y tener una experiencia con Dios que transforma sus vidas simplemente porque creen y reciben. Tú no tienes que "esperar".

## "LO TENEMOS"

La mayoría de la gente estaría de acuerdo con lo que estoy compartiendo sobre el bautismo en el Espíritu Santo; sin embargo en relación al avivamiento, cambian de actitud y dicen: "Bueno, tenemos que rogar y suplicar, y pasar por dolores de parto. Debemos juntar a un millón de personas para que oren y ayunen juntas para que Dios envíe avivamiento y derrame Su Espíritu". No, sólo tienes que creer. Sólo tienes que recibir; y conforme te avivas, tendrás una oportunidad para influenciar y compartir esa vida con la gente a tu alrededor. A medida que tus amigos, tu familia, y la gente en tu centro de trabajo se avivan, ellos también irán a avivar a otros y así se extenderá el avivamiento.

La razón por la que no estamos viendo un avivamiento de mayor impacto no es que no tenemos millones de personas orando y pidiéndole a Dios que derrame Su Espíritu; es que tenemos muy pocas personas que están experimentando un avivamiento—creyendo La Palabra de Dios, tomando su autoridad, y haciendo que el poder de Dios se manifieste.

Duncan Campbell predicó en el avivamiento de las islas Hébridas Escocesas. Ésta fue una poderosa manifestación del Espíritu Santo que se manifestó hace más de cien años. Yo escuché su predicación. Él relató la historia de dos mujeres que oraron por más de veinte años; también habló de un pastor y de sus siete diáconos que oraron casi todo un año, todos ellos pidiéndole al Señor que derramara Su espíritu. Finalmente un día el poder de Dios se manifestó, y experimentaron muchas cosas gloriosas. Él dijo que esto sucedió porque le rogaron y le suplicaron a Dios por más de veinte años.

Varios años después de oír eso, escuché el testimonio de un joven que se había presentado a esa última reunión de oración antes de que el poder de Dios se manifestara. Dijo que los otros varones habían estado orando todos los sábados por la noche por casi un año. Le estaban rogando a Dios por un derramamiento de Su Espíritu. Este joven llegó a la reunión, oró hasta las dos de la mañana, y declaró: "O La Palabra de Dios es verdad o no lo es. Ya tenemos el derramamiento del Espíritu. Así que me voy a mi casa".

En realidad el avivamiento vino cuando dejaron de rogar y empezaron a creer. Una vez que empezaron a creer que La Palabra de Dios dice que ya lo tienen, todo cambió y el poder se desató. El Señor nos ha dado poder y autoridad. Debemos actuar con fe y usar lo que Dios nos ha dado, o el avivamiento no se manifestará.

## SILENCIO

Imagínate que me diste tu Biblia. Es un regalo, y está en mi posesión. ¿Qué harías si me acercara a ti y te preguntara?: "¿Podrías prestarme tu Biblia? Quiero buscar un versículo. Verdaderamente necesito que Dios me diga algo y creo que me está hablando. ¿Podrías darme tu Biblia?" Podría rogarte, podría suplicarte. Hasta podría tratar de hacerte sentir mal, diciéndote: "Si verdaderamente fueras un Cristiano compartirías tu Biblia conmigo". ¿Qué harías, si ya me la habías dado?

¿Cómo le responderías a alguien que te está pidiendo que le des algo que ya tiene? ¿Cómo le responderías a alguien que te está rogando que hagas algo que ya hiciste por él? Si me estuvieran haciendo estas preguntas, no estoy seguro de cómo respondería. Quizá, simplemente me quedaría pasmado y no diría nada.

Si alguien está pidiendo algo que ya tiene, ¿cómo se le puede responder? Probablemente con silencio. Sería algo similar a la manera en que Dios ha respondido a todos nuestros ruegos y súplicas por un derramamiento del Espíritu Santo.

La verdad es que Dios derramó Su Espíritu en el día de Pentecostés, y hasta ahora nunca lo ha retirado (Hch 2:38-39). El Señor nunca se ha enojado tanto que haya dicho: "Muy bien, Espíritu Santo. Regrésate. No habrá más avivamiento, ni más manifestaciones". Dios no hizo que la iglesia atravesara por la Edad

Media. No era Su voluntad que hubiera un período de tiempo en el que la verdad estuviera tan oculta que muy pocos pudieran verla. Dios no es el que de repente—"soberanamente"—actuó para inspirar a Martín Lutero. Él no decidió derramar Su Espíritu sobre los hombres de la Reforma para hacer algo "nuevo" porque, después de todo, Dios ya estaba cansado de un milenio lleno de muerte espiritual en la tierra. No, el problema no era la voluntad de Dios para dar—era nuestra capacidad para creer y para recibir.

## ¿EN OLEADAS?

Martín Lutero tenía un corazón sincero para Dios. Él no estaba satisfecho con la enseñanza religiosa y la doctrina tradicional popular de su época. Cuando fue de peregrino a la ciudad santa, y andaba subiendo por los escalones del edificio santo rezando su rosario, de repente se dio cuenta que visitar ese lugar y hacer esas cosas no cambiaba nada. Cuando estaba ahí, cansado de todo, el Espíritu Santo le recordó una cita bíblica.

> *¿Dónde pues, está la jactancia? Queda excluida. ¿Por cuál ley? ¿Por la de las obras? No, sino por la ley de la fe. Concluimos, pues, que el hombre es justificado por fe sin las obras de la ley.*
>
> Romanos 3: 27-28

Martín Lutero oyó La Palabra y la creyó. Luego actuó con base en eso y clavó sus noventa y cinco tesis en la puerta de su iglesia en Wittenburg, Alemania. Él tomó la palabra con denuedo enfrente de los líderes religiosos en la Dieta de Worms, defendiendo sus puntos de vista. Martín Lutero proclamó La Palabra de Dios, y esa Palabra fue como agua viva en los corazones sedientos de la gente. A partir de ahí, la Reforma surgió y el mundo cambió para siempre. Esto no sucedió porque Dios soberanamente dijo: "Muy bien, estoy listo para hacer algo nuevo en la tierra". No, sucedió porque una persona—un ser humano—creyó, recibió, y actuó con base en La Palabra.

La religión enseña que el poder de Dios viene en oleadas. En las décadas de 1940 y 1950 hubo un movimiento de sanidad que se popularizó en el cuerpo de Cristo. Así que hubo manifestaciones de sanidad, evangelistas de sanidad, y reuniones en carpas que surgieron por todos lados. Luego apareció el movimiento carismático y el movimiento de la Palabra de Fe. Hoy en día hay este y aquel movimiento, y la gente está diciendo: "¡Mira, Dios está haciendo algo nuevo! Está derramando Su Espíritu una vez más". No, Dios no opera así.

El avivamiento de sanidad surgió porque alguien vio sanidad en La Palabra, creyó en Dios, y empezó a desatar este poder en la tierra usando su autoridad. Esas personas actuaron con fe en La Palabra y vieron la demostración del Espíritu Santo. Ese poder de sanidad ha estado disponible desde la muerte, el entierro, y la resurrección de Cristo, pero la iglesia no lo había estado recibiendo.

## SIEMPRE ESTÁ DISPONIBLE

En la década de 1940, la mayor parte de la iglesia creía que los milagros, las señales, y las maravillas habían cesado con los apóstoles. Ésta era la primordial doctrina teológica que se enseñaba. Sin embargo, un joven llamado Oral Roberts fue sanado de tuberculosis y tartamudez después de haber estado encamado por más de cinco meses. Conforme estudió La Palabra, se convenció de que hoy en día es la voluntad de Dios otorgar sanidad. Así que este joven ministro actuó con base en esa Palabra y rentó un salón de conferencias en Enid, Oklahoma.

En la primera reunión, Oral le pidió a Dios tres cosas. La primera fue que en la reunión hubiera cierto número de asistentes. Así que antes de salir a la plataforma, Oral se paró detrás de la cortina y contó a la gente. Después salió e inmediatamente recolectó una ofrenda.

Oral le había dicho a Dios: "No me voy a endeudar. Así que si Tú eres el que me está motivando a hacer esto, vas a tener que traer suficiente dinero para por lo menos cubrir los gastos". Después de que contaron el monto de la ofrenda, la segunda condición se había cumplido—casi al centavo. La tercera cosa que Oral pidió fue que hubiera por lo menos un milagro extraordinario. Dijo: "Dios, voy a predicar y a proclamar que todavía es tu voluntad sanar a la gente hoy. Si ésta es verdaderamente Tu voluntad, entonces necesitamos ver por lo menos un milagro extraordinario". Después de que predicó su sermón, invitó a la gente a pasar al frente y las sanidades empezaron a manifestarse. Y a partir de ahí su ministerio arrancó a toda velocidad.

Oral Roberts—y muchos otros—empezaron a proclamar La Palabra de Dios en relación a la sanidad. Conforme la gente creyó esa Palabra y recibió sanidad, un avivamiento se desató. Algunas personas piensan: "Bueno, Dios actuó soberanamente". No, desde que el Señor caminó en esta tierra siempre ha deseado que recibamos sanidades, manifestaciones de milagros, y que experimentemos el avivamiento. Jesucristo mismo dijo:

> *De cierto, de cierto os digo: El que en mí cree, las obras que yo hago, él las hará también; y aun mayores hará, porque yo voy al Padre.*
>
> Juan 14:12

Podemos debatir sobre qué son las **obras "mayores"**, pero ¿qué vas a argumentar con respecto a **"las obras que yo hago, él las hará también"**?

Siempre fue el propósito de Dios que la iglesia operara en lo sobrenatural. No es Dios el que se ausentó aproximadamente desde el año 200 D.C. hasta el año 1940. No, es la gente la que dejó de apropiarse de Su poder. Los Cristianos dejaron de creer. Dejaron de operar en fe. Pero finalmente, alguien rompió esta barrera y empezó a creer una vez más. Luego predicaron y proclamaron La palabra de Dios. Cuando tomaron su autoridad y la usaron, la sanidad se manifestó. Sin embargo, todo el designio de Dios siempre ha estado disponible para los que lo crean.

Dios no actúa sólo en esto por una década para luego actuar en aquello en la siguiente década. "Hace diez años actuó en el área de sanidad. Ahora se ha olvidado de la sanidad, y está dando un giro hacia la justicia. Dentro de diez años va a obrar en los matrimonios. ¡Viene una nueva oleada!" Ridículo. Eso es el hombre tratando de justificar nuestra carencia de poder.

## ARREGLA TU RECEPTOR

Hoy el Señor es todo lo que ha sido y todo lo que será.

*Jesucristo es el mismo ayer, y hoy, y por los siglos.*

Hebreos 13:8

Él quiere actuar en tu vida y a través de ti con milagros, sanidades, liberaciones, y manifestaciones de prosperidad. Todo lo que Dios es, ahora está disponible para ti a través de Su palabra. No tienes que rogar y suplicar, y luego esperar pasivamente para ver lo que Dios va a hacer. La Biblia dice que eso es incredulidad.

*Sin fe es imposible agradar a Dios; porque es necesario que el que se acerca a Dios crea que le hay, y que es galardonador de los que le buscan.*

Hebreos 11:6

Dios honra a los que lo honran (1 S. 2:20). Debes creer que Dios es. Él es galardonador de los que lo buscan diligentemente. Debes orar así: "Padre, te estoy buscando. Tu Palabra me dice que has proveído todas estas cosas. ¡Por fe, lo recibo. Gracias, Señor!" Conforme lo buscas, y continúas edificándote en la fe, el poder de

Dios se manifestará, y tendrás todo el avivamiento que quieras. Tú eres el que determina cuánto avivamiento tendrás—no Dios.

No tienes que orar y luego esperar pasivamente, diciendo: "He estado orando por veinte años por un avivamiento y todavía no lo tenemos. No sé porque Dios no lo ha hecho". Eso está tan mal como si alguien dijera: "He estado orando por veinte años por el bautismo en el Espíritu Santo, pero Dios todavía no me lo ha dado". No, Dios ya dio; pero tú todavía no has recibido. No es el transmisor de Dios el que tiene el problema—es tu *receptor*. Necesitas arreglar tu receptor, y no el transmisor de Dios.

## Capítulo 16

## Dios Te Ha Dado Poder

*Creó Dios al hombre a su imagen, a imagen de Dios lo creó; varón y hembra los creó. Y los bendijo Dios, y les dijo: Fructificad y multiplicaos, llenad la tierra, y sojuzgadla, y señoread en los peces del mar, en las aves de los cielos, y en todas las bestias que se mueven sobre la tierra.*

Génesis 1:27-28

El Señor nos bendijo y nos dio la capacidad de reproducirnos. Él le dijo a Eva y Adán. "Sean fructíferos. Multiplíquense. Llenen la tierra". Este poder y autoridad que Dios nos dio vine con responsabilidad.

Si una mujer estuviera orando y orando y orando para embarazarse y tener un hijo, y sin embargo esa persona no hubiera tenido una relación sexual con un hombre, la veríamos y pensaríamos: "¿Cómo puede ser alguien tan tonto y seguirse considerando racional? ¿Nadie le explicó a esta mujer las cosas básicas de la vida? ¿No entiende cómo funciona esto?" Sin embargo esto es exactamente lo que muchos Cristianos están haciendo en otras áreas de sus vidas.

El Señor nos dio la capacidad para procrear hijos. Dios no nos los manda por medio de la cigüeña. Se trata del poder de Dios, pero, Él estableció leyes. Por lo tanto, puedes orar hasta el cansancio, pero esa mujer no se va a embarazar. Dios quiso que esto operara de esta manera, y así es como funciona.

Le están pidiendo a Dios que los sane, pero no están haciendo lo que La Palabra dice. La Palabra dice que le hables a tu montaña.

*Cualquiera que dijere a este monte: Quítate y échate en el mar, y no dudare en su corazón, sino creyere que será hecho lo que dice, lo que diga le será hecho.*

Marcos 11:23

Ésa es una de las leyes de Dios. Sin embargo, la gente no está haciendo lo que La Palabra dice y se pregunta: "¿Por qué Dios todavía no me ha sanado?" Eso es tan absurdo como la actitud de una mujer que ora constantemente para embarazarse sin haber tenido una relación con un hombre, y luego cuando nada sucede, se pregunta: "¿Por qué Dios todavía no me ha dado un hijo?" Dios nos dio poder y autoridad en esta área.

Conozco a una pareja que tuvo doce hijos. Cuando le pregunté al esposo: "¿Cuántos hijos vas a tener?" contestó: "Si Dios quiere que tengamos hijos, tendremos hijos. Depende totalmente de Dios". Hay ciertas formas para evitar el embarazo con las que no estoy de acuerdo porque en realidad son abortivas. Sin embargo, si no hubiera otro recurso un poco de templanza ayudaría. Si no ejerces un poco de dominio propio en esta área, porque piensas así: "Si es la voluntad de Dios, tendremos hijos. Pero si no es Su voluntad, no los tendremos", significa que estás ignorando totalmente tu responsabilidad. Dios nos bendijo y nos dio poder para reproducirnos.

Si las personas nunca tuvieran hijos a menos que fuera la voluntad de Dios, entonces las prostitutas no se embarazarían. Si todos los niños fueran el resultado de un acto divino de parte de Dios, las madres solteras no se embarazarían. No es la voluntad de Dios que las personas que no están casadas tengan hijos. Si Dios estuviera directamente controlando este aspecto de nuestras vidas, no permitiría que nacieran niños adictos a las drogas o con sida. Dios le dio el poder de procreación a los seres humanos, y si tú cooperas con la manera como Él estableció el funcionamiento de este universo, puedes procrear un niño.

## DEBEMOS COOPERAR

Es el poder de Dios, pero lo puso bajo nuestro control. Tenemos poder y autoridad en esta área. Si quieres los resultados deseados, entonces tienes que hacer las cosas correctas para cooperar con las leyes de la procreación. La mayoría de la gente comprende esto, y se burlaría de alguien que piensa que sólo con su oración puede hacer que un niño aparezca. Dios no manda niños desde el cielo de una forma sobrenatural. No vienen así.

La sanidad, la salvación, o el avivamiento no vienen sólo porque oramos y le pedimos a Dios que los deje caer del cielo. Hay leyes espirituales que, para cooperar con ellas, requieren que usemos la autoridad que tenemos como seres humanos. Si no actuamos con fe para cooperar con Dios en estas áreas, no se manifestarán.

Esto es tan simple que alguien tendría que ayudarte para que lo malinterpretaras. Sin embargo, hemos tenido mucha ayuda al respecto. He hablado con muchas personas que me han preguntado: "Si Dios es Dios verdaderamente, entonces Él pudo haber sanado a esta persona. ¿Por qué permitió que muriera?"

Dios no es así. Él no dice: "Muy bien, tienes el poder para sanar. Ve y sana al enfermo". Y luego—si no lo estamos haciendo porque no sabemos cómo o porque estamos dominados más por la incredulidad que por la fe—Dios no va a ver hacia abajo y decir: "Estas personas nunca van a terminar la tarea. Aunque no están creyendo en mi Palabra, ni están haciendo las cosas como les dije, de todas maneras voy a sanar a esta persona". Eso violaría Su propia integridad.

Dios nos dijo: "Tú tienes el poder. Ve y sana al enfermo. Limpia a los leprosos. Resucita a los muertos" (Mt. 10:8). Si no hacemos nuestra parte, Dios no va a intervenir para hacer lo que nos dijo que hiciéramos. No importa cuánto roguemos o supliquemos, eso no va a cambiar la situación. Nosotros en el cuerpo de Cristo necesitamos descubrir lo que Dios nos ha dado. Debemos saber cuál es el ámbito de nuestra autoridad, y debemos empezar a usarla como Dios lo planeó. Seamos responsables y despojémonos de la incredulidad. Rechacemos todas estas doctrinas religiosas que nos absuelven de nuestra responsabilidad y nos hacen pensar así: "*Whatever will be, will be.* Lo qué será, será. Depende de Dios quién se salva y quién se sana. Él hace todo soberanamente". Dejemos de evadir nuestra responsabilidad y de echarle la culpa a Dios. Él no es el que está fallando—somos nosotros.

## PODER PARA OBTENER RIQUEZA

En el área del dinero. Dios nos ha dado el poder para hacer riqueza.

*Acuérdate de Jehová tu Dios, porque él te da el poder para hacer las riquezas, a fin de confirmar su pacto que juró a tus padres, como en este día.*

Deuteronomio 8:18

Siempre que Dios nos da poder, también nos da autoridad para que podamos desatar el poder y usarlo. Con esta autoridad viene la responsabilidad. Por eso Dios no nos da dinero directamente. La Biblia no dice que Dios nos da dinero. Nos da poder—la unción, la capacidad—de hacer riqueza.

En primer lugar, Dios no tiene dinero ni hace dinero. Él no usa dinero. En el cielo no hay un sistema monetario. Si estás orando así: "Dios mío necesito 100" (cualquiera que sea la moneda que necesitas); Dios no los tiene, y tampoco los va a falsificar. Eso es contrario a la ley. Dios no va a quebrantar la ley para empezar a falsificar la moneda de una nación. No va a fabricar dinero y a ponerlo en tu bolsillo. La Biblia dice:

> *Dad, y se os dará; medida buena, apretada, remecida y rebosando darán en vuestro regazo.*
>
> Lucas 6:38

Como Dios no tiene dinero de una forma directa, te lo manda a través de la gente. Dios motiva a otras personas, y esas personas tomarán parte en el proceso para traerte Su provisión.

## LA OBRA DE TUS MANOS

Muchas personas ignoran esta verdad. Así que oran de esta manera: "Dios, si verdaderamente eres Dios, puedes hacer cualquier cosa. Pon dinero en mi cartera". Luego abren su cartera, y cuando no hay más dinero del que tenían antes, dicen: "En fin, Dios no es fiel. La Palabra no funciona. Sencillamente no es verdad". Luego empiezan a culpar a Dios porque son ignorantes.

Dios no va a fabricar dinero y a ponerlo en tu cartera. Eso es contrario la ley. Dios te dio el poder para hacer riqueza, así que debes aprender a usar tu autoridad para desatar ese poder. Para poder ver que la provisión de Dios se manifiesta para ti, debes cooperar con las leyes espirituales que rigen la prosperidad.

Dios ha prometido bendecir toda la obra de tus manos.

*Jehová te enviará su bendición sobre...todo aquello en que pusieres tu mano...y para bendecir toda obra de tus manos.*

Deuteronomio 28: 8,12

Sin embargo, si no estás haciendo algo con tus manos, Dios no tiene algo que pueda bendecir. No puedes sentarte en casa sin hacer nada esperando que el Señor te prospere. Así no funciona. No vas a ver que Dios empieza a prosperarte si no estás trabajando. De hecho La Palabra dice:

*Os ordenábamos esto: Si alguno no quiere trabajar, tampoco coma.*

2 Tesalonicenses 3:10

## "CONSIGUE UN TRABAJO PROVISIONAL"

A Dios le gusta el trabajo. Él quiere que hagas algo productivo, por eso el sistema de ayuda social del gobierno—como hoy en día está estructurado en Estados Unidos de América—no es un concepto bíblico. No estoy diciendo que la persona que recibe ayuda social es impía. No estoy diciendo que Dios los odia, o que están pecando. Lo que estoy diciendo es que ése no es el sistema de Dios.

Cualquiera podría necesitar una ayuda temporal. No tiene nada de malo que recibas la ayuda temporal de otras personas, o del gobierno, si estás en una situación que lo amerite. Pero ser un beneficiario del sistema de ayuda social por generaciones y pasártela sentado en casa permitiendo que el gobierno te pague por no hacer nada no es correcto.

Si vas a entrar al fluir divino de la provisión de Dios, necesitas empezar a hacer cosas para desatar ese poder y para ver que la unción empieza a generar el ingreso que necesitas. Dios te ha dado el poder para hacer riqueza, pero tienes que hacer algo. Necesitas trabajar. Necesitas emprender algo productivo.

Uno de nuestros socios trabajaba de gerente ejecutivo de una compañía. Sin embargo, su compañía hizo recorte de personal y perdió su empleo. Así que empezó a recibir dinero de la ayuda social del gobierno, y usó eso por un período de tiempo. Él quería trabajar, así que entregó solicitudes de empleo por todo el pueblo. Pero esto sucedió durante una época de crisis económica, y su preparación era mejor que la que le pedían. Por lo tanto, nadie le había ofrecido empleo.

Así que cuando faltaban sólo unas semanas para que le embargaran su casa y que perdiera todo, se acercó a mí y me preguntó: "¿Qué hago?"

Le contesté: "Obtén un empleo".

Me dijo: "Lo estoy intentando".

Continué: "No, quiero decir que obtengas un empleo provisional mientras que tu situación mejora. No tiene nada de malo que estés ejerciendo tu fe para encontrar otro trabajo de gerente ejecutivo en una compañía, o algo semejante. Pero hasta que ese empleo con un mejor salario venga, consigue un empleo de almacenista o de cocinero en un restaurante de hamburguesas".

Esta persona se ofendió mucho. "Soy un gerente ejecutivo. No podría hacer algo así. Además necesito más dinero. Estoy a punto de que me embarguen la casa". Debía como $4,000 o $5,000 dólares, y no había trabajado en un año.

Le dije: "Si hubieras estado llenando estantes o cocinando hamburguesas el año pasado, habrías reunido suficiente dinero para evitar que te embargaran la casa mientras continuabas buscando el empleo de tu preferencia. No tiene nada de malo que no quieras quedarte en ese empleo, pero tienes que hacer algo. Si no haces nada, estás abandonando tu responsabilidad y estás impidiendo que la bendición de Dios—que Él quiere darte—se manifieste. Puedes orar y orar, y posiblemente obtengas un milagro que resuelva tu problema de la próxima semana o hasta del próximo mes. Pero al siguiente mes tendrás otra crisis, y así mes tras mes. No vas a ver que el fluir sobrenatural de la riqueza empieza a manifestarse en tu vida hasta que reconozcas que Dios te dio poder y autoridad para hacer riqueza. Necesitar actuar y usar ese poder y autoridad haciendo algo".

## ¿UN DEDAL O UNA CUBETA?

Muchas personas están esperando cosechar algo, pero nunca han sembrado nada. Están creyendo que Dios les dará una provisión abundante, sin embargo no han cooperado con Sus leyes espirituales relativas a la prosperidad. La Palabra dice:

> *Dad, y se os dará; medida buena, apretada, remecida y rebosando darán en vuestro regazo; porque con la misma medida con que medís, os volverán a medir.*
>
> Lucas 6:38

¿Estás usando un dedal pequeño, dándole a Dios cinco dólares aquí y allá, pensando que verdaderamente eres muy generoso, cuando la verdad es que el diezmo de tu cheque sería de $200, $300, o $400 dólares? Le estás dando propinas a Dios y te estás preguntando. "¿Por qué no estoy obteniendo riqueza? Estoy orando y ejerciendo mi fe para prosperar". El Señor dijo que te dará con la misma medida que usaste. Si estás usando un dedal, entonces Él va a usar un dedal para corresponderte. Y si necesitas una cubeta llena de dinero, va a ser necesario que pase mucho tiempo para que Dios llene tu cubeta tomando en cuenta la medida que tú usaste.

Así es como funciona el reino de Dios. Dios no te da dinero—el te da el poder para obtener dinero. Hay cosas que debes hacer para desatar ese poder. Una de esas cosas es que hagas algo con tus manos. Trabajar limpiando carros o de cocinero en un restaurante es mejor que recibir ayuda de parte del gobierno. "Pero Andrew, la verdad es que recibo más dinero de la ayuda social del gobierno del que podría recibir en uno de esos empleos". La diferencia es que Dios no puede bendecir la ayuda social del gobierno. En cambio Él puede bendecirte cuando estás trabajando limpiando carros o de cocinero. Dios podría ascenderte al puesto de gerente. Mientras trabajas allí, podrías conocer a alguien que podría darte un ascenso, o hasta podría ofrecerte otro empleo. Pero cuando no estás haciendo nada, estás impidiendo que el poder de Dios fluya en tu vida. No es Dios el que falla y no responde nuestras oraciones—somos nosotros los que fallamos cuando no tomamos nuestra autoridad y no la usamos adecuadamente.

## Capítulo 17

# El Diablo Huirá de Ti

*Someteos pues a Dios; resistid al diablo, y huirá de vosotros.*

Santiago 4:7

Dios nos ha dado poder y autoridad sobre el diablo.

*Habiendo reunido s sus doce discípulos, les dio poder y autoridad sobre* **todos** *los demonios, y para sanar enfermedades.*

Lucas 9:1

Dios nos dio poder y autoridad sobro *todos* los diablos— *todos* quiere decir *todos.* No hay demonios que queden excluidos en esto. A menudo conozco personas que dicen: "Bueno, el diablo me está haciendo esto, y el diablo esta haciendo aquello". Si tú sabes que el diablo es tu problema, entonces puedes resolver ese problema creyendo La Palabra de Dios y usando tu autoridad. Deja de andar por allí diciendo: "Dios mío. Por favor saca al diablo de mi camino. Señor, el diablo está tratando de obligarme a que haga esto". No te vas a liberar del acoso del diablo orando y pidiéndole a Dios que lo saque de tu camino. A ti te han dado ese poder y esa autoridad.

*Someteos, pues, a Dios; resistid al diablo, y huirá de vosotros.*

Santiago 4:7

Este versículo no dice que él huirá de Dios. Él huirá de ti. Se trata del poder de Dios, pero ese poder está en ti. Dios mismo no va a bajar y hacer que el diablo huya de ti. Tú tienes que resistir al diablo.

## SATANÁS ES UN COBARDE

La Palabra *resistir* significa "luchar alguien con la persona o cosa que le ataca". La resistencia es dinámica. Tienes que reaccionar y enojarte. La manera santa de usar la cólera es enojándote con el diablo, enojándote con la enfermedad, y enojándote con la pobreza. Tienes que reaccionar. No puedes darte el lujo de tolerarlo. Mientras puedas tolerar algo, lo harás. Sin embargo cuando llegues al límite y digas: "¡Ya no puedo aguantar más. Se acabó!", y reacciones con una cólera santa y con fe para ejercer tu autoridad, se desatará una dinámica espiritual positiva. Cuando te canses de estar enfermo, y pongas un límite y resistas al diablo, éste huirá de ti.

En realidad, Satanás es un cobarde. Verdaderamente lo es. Es un bravucón—intimida, grita, y amenaza. Aunque él dice todas estas cosas, la verdad es que es un cobarde. Si alguna vez has estado cerca de un bravucón, sabes que siempre está tratando de aprovecharse de otras personas, manipulándolas y controlándolas. De niño aprendí que si confrontas a un bravucón, te respetará y dejará de molestarte. A lo mejor podrías perder una pelea y recibir una paliza, pero sólo pelearás una vez. Después de eso él te respetará y dejará de molestarte. En realidad, un bravucón no quiere pelear. Sólo quiere intimidar y controlar. Si se da cuenta que vas a defenderte y a pelear cada vez que se acerque tratando de hacerte algo, se dará por vencido. Aunque gane la pelea, no va a querer invertir tanto esfuerzo. Así es Satanás.

Cuando te enojas y resistes al diablo, él actúa como un bravucón. En el momento en el que sabe que le va a costar algo—que vas a resistirlo frente a frente con todas tus fuerzas puestas en el nombre de Jesucristo—Satanás huirá de ti. ¡Pero debes resistir!

## "QUERIDO DIABLO..."

Decir: "Querido Diablo, por favor déjame en paz" no es resistir. Una vez, mis amigos y yo estábamos liberando a una mujer que le había vendido su alma al diablo. Satanás la influyó entre otras cosas para que bebiera la orina de otras personas, para establecer pactos demoníacos. Le dijimos que necesitaba dirigirse al diablo y romper la influencia del diablo en su vida. Le dijimos que necesitaba hacerlo dirigiéndose directamente a Satanás y rompiendo su relación con él. Así que nos arrodillamos alrededor de una mesa y empezamos a orar. Luego dijimos: "Ahora, tú háblale al diablo".

Esta mujer dijo: "Querido diablo..." Tuvimos que detenerla ahí mismo y dijimos: "Un momento. Esto no es resistir al diablo". Tú no resistes al diablo diciendo: "Querido diablo, por favor déjame en paz". Debes *resistir* al diablo. Dios te dio poder y autoridad, y tú tienes que activarlos reaccionando con una determinación férrea (Mt. 11:12), y resistir espiritualmente diciendo: "¡Satanás, salte de mi vida!" Quizá estás pensando: "Pero Andrew, no tengo una personalidad agresiva". Bueno, entonces aguántate. Así funciona esto.

Dios no va a reprender al diablo por ti. Tienes que reaccionar y resistirlo. Y si tú resistes al diablo, huirá de ti. Dios te dio esta autoridad, y tú no puedes rogarle que haga lo que te dijo que hicieras. Así no funcionará.

En una ocasión, el Señor se le apareció a Kenneth Hagin y le empezó a dar unas instrucciones. Cuando Jesucristo estaba hablando, un diablito empezó a correr, a saltar, y a gritar en medio de ellos.

Kenneth trató de poner atención y de ignorar a este demonio, pero no pudo enfocarse en lo que el Señor estaba diciendo. Se preguntó a sí mismo por qué Dios estaba permitiendo que esto sucediera.

Finalmente, Kenneth se enojó tanto por esta situación que dijo: "¡En el nombre de Jesucristo, te ordeno que te vayas!" y este diablito se echó a correr y desapareció. El Señor vio a Kenneth y le dijo: "Si tú no lo hubieras hecho, Yo no hubiera podido hacerlo".

## LOS DOS LADOS DE LA MONEDA

Dios te dijo que resistieras al diablo, y que éste huirá de ti. Muchos Cristianos saben que es el diablo el que hoy está tratando de destruir sus vidas. Está tratando de matarte con la enfermedad y las dolencias, o te está robando tu prosperidad. Tú sabes que lo que está sucediendo no es la voluntad de Dios, sin embargo estás orando así: "Dios mío, por favor resuelve esto. Por favor haz algo". No estás ejerciendo tu autoridad. Si estás batallando con una oposición demoníaca en tu contra, entonces tienes que encargarte de esto, debes usar la autoridad que Dios te ha dado, y debes ordenarle al diablo que se vaya.

Los dos lados de esta moneda son—someterse a Dios y resistir al diablo. Tú no puedes andar por allí atando y reprendiendo lo que se te antoje. Algunas personas piensan: "Bueno, es el diablo el que me dio esta esposa y yo quiero una nueva. Así que voy a usar mi autoridad y le voy a ordenar a mi nueva esposa que venga y voy a sacar a la que tengo fuera de mi vida". Eso no va a suceder porque Dios no te dio esa clase de autoridad y de poder. Sacar a tu esposa de tu vida para que puedas casarte con otra no es Su voluntad. Debes someterte a Dios y resistir al diablo, y entonces el diablo huirá de ti.

Estas verdades respecto a la autoridad sólo funcionarán para ti cuando te sometas a Dios. Cuando estás buscando a Dios con todo tu corazón y percibes que el diablo te está estorbando, entonces puedes usar tu autoridad y ordenarle a esas cosas que cambien. Si sólo estás enojado porque alguien se te atravesó en el tráfico, y dices: "Espero que tengan un accidente más adelante", eso no se va a realizar. Dios no te dio autoridad para maldecir a la gente. Cuando haces eso no te estás sometiendo a Él. Pero cuando estás sometido a Dios, entonces puedes resistir al diablo—y pelear enérgicamente en contra de él—y huirá de ti.

Cundo todavía era miembro de una iglesia evangélica, mis amigos y yo nos topamos con la liberación de los demonios. Vimos la liberación de una mujer que pudo haber ingresado a un hospital psiquiátrico por el resto de su vida. Sabíamos que su problema no era físico o natural, sino que era demoníaco. También sabíamos que las autoridades no comprenderían la situación, así que la encerramos en un cuarto por siete días y nos turnamos haciendo oración por ella. Alabábamos a Dios, cantábamos canciones acerca de la sangre de Jesucristo, y leíamos la Biblia. No sabíamos qué estábamos haciendo, pero literalmente sacamos al diablo a golpes de esta mujer—no con nuestras manos, sino—cantando canciones que hablan de la sangre de Cristo y declarando cosas en contra del diablo. Nos quedamos ahí hasta que vimos a esta mujer liberada de demonios. Cuando la gente se empezó a enterar que esta mujer había recuperado sus facultades mentales, empezaron a venir a buscarnos.

## ¿CÓMO TE LLAMAS?

Un homosexual vino para que lo liberáramos de demonios. Verdaderamente no sabíamos lo que estábamos haciendo, y para empeorar las cosas, habíamos leído un libro que nos enseñó toda clase de falacias—por ejemplo, que una persona sola no puede sacar a un demonio, sino que deben ser por lo menos dos personas, que tienes que preguntarle al demonio cómo se llama y que la persona debe vomitar en una cubeta. Hicimos muchas cosas tontas.

Así que nos pasamos tres semanas preparando a este homosexual para su liberación, algo que no es necesario. Aquí mismo en nuestra ciudad hay un grupo de personas que piensan que está bien pedirle a la gente que está buscando liberación que llenen un cuestionario de cuarenta páginas y que luego aguanten esperando un período de cuarenta y cinco días antes de que les saquen los demonios.¡Ése no es el método que Jesucristo utilizó!

En los días en que pensábamos que teníamos que pedirle su nombre a los demonios, un amigo mío le preguntó a un demonio: "¿En el nombre de Jesucristo, cómo te llamas?"

El demonio contestó: "Me llamo mentiroso".

Inmediatamente, mi amigo le preguntó: "¿Me estás diciendo la verdad?"

## "NO ME VOY A IR CON ESTOS DEMONIOS ADENTRO"

Pues bien, este hombre homosexual al que habíamos estado preparando vino a nuestra iglesia al servicio del miércoles por la noche. Yo solo estaba encargado de la reunión porque el asistente del pastor, que era mi compañero en las liberaciones de demonios, estaba fuera de la ciudad esa noche. Un edecán se acercó a mí y me sacó de la reunión, diciendo: "Un muchacho quiere verte". Cuando fui y lo vi, me di cuenta de que había venido con otro homosexual que también quería ser liberado.

El muchacho que habíamos estado preparando dijo; "Estoy listo para ser liberado esta noche".

Contesté: "Bueno, no podemos hacerlo esta noche. Estoy solo".

Respondió: "No me voy a ir con estos demonios".

"No importa, no los voy a sacar".

"Más te vale que hagas algo porque no me voy a ir con estos demonios".

Así que llevé a este muchacho y a su amigo a un cuarto en la parte de atrás de esta iglesia evangélica. Jamie vino con nosotros para apoyarnos con oración. En ese tiempo todavía no era mi esposa, pero asistíamos   juntos a un estudio bíblico. De hecho, Jamie todavía no estaba bautizada en el Espíritu Santo. No teníamos ni idea de lo que estábamos haciendo.

Cuando llegamos al cuarto, este muchacho dijo: "Más te vale que clames la sangre sobre este lugar o que hagas algo porque estos demonios se van a salir".

Cuando empecé a orar: "Padre, en el nombre de Jesucristo…" este muchacho se cayó en el suelo y empezó a ladrar como un perro, a arrastrarse como una serpiente, y a lanzar sillas en contra de la pared.

¡Era un alboroto tremendo! Cuando el edecán escuchó esto, fue al santuario, detuvo la predicación y dijo: "Tenemos que orar por Andrew. Está en la parte de atrás ministrándole a alguien". No tenían ni idea de lo que estaba pasando.

## "¡CÁLLATE Y SALTE!"

En este cuarto, había una pila de aproximadamente diez sillas. El otro muchacho endemoniado estaba en la cima de la pila de sillas, pegado a la pared, y muerto de miedo. Jaime estaba orando y haciendo todo lo que podía.

Yo no sabía cómo actuar, pero como ya estaba en medio de esta situación, empecé a preguntar: "¿Cómo te llamas? En el nombre de Jesucristo, dime tu nombre". Cuando estaba haciendo esto, un demonio me decía su nombre y luego otro, y luego otro. Sentí que se estaban burlando de mí porque no sabía si el primer demonio había salido o no antes de que el segundo me dijera su nombre. ¡Era algo ridículo! Finalmente, me acordé de este versículo:

*Jesús le reprendió, diciendo: ¡Cállate, y sal de él!*

Marcos 1:25

Pensé: "Eso me suena muy bien". Así que dije: "¡En el nombre de Jesucristo, les ordeno a todos que se callen y que salgan de él!" Instantáneamente, el poder se desató y el muchacho que estaba en el suelo quedó como si estuviera muerto. Con precaución lo sacudí para ver si estaba bien. Él se volteó y susurró: "¡Soy libre. He sido liberado. Soy libre!". Pensé: "Si esto es tan simple como ordenarle a los demonios que se salgan en el nombre de Jesús, ¿por qué estuve haciendo todas esas otras cosas?"

Aunque no sabíamos lo que estábamos haciendo, nos topamos con esta verdad. Estábamos acostumbrados a rogar y suplicar, pidiendo: "Dios mío, por favor quita esto". Aprendí a través de la práctica que Dios me ha dado autoridad, y que no tengo que hacer todas esas cosas. No tengo que preguntarles sus nombres, pedirle a la gente que llene un cuestionario de cuarenta páginas o pedirles que esperen varias semanas para que estén listos. Tengo autoridad sobre el diablo, y si la persona está dispuesta a cooperar, puedo actuar y dar órdenes, y esos demonios me obedecerán.

No puedo pedirle a Dios que saque al diablo porque eso es lo que me dijo que hiciera. Tengo que actuar, usar mi autoridad, y tener confianza que cuando digo algo va a funcionar. Tengo que tener fe en La Palabra de Dios—fe en que sí tengo autoridad sobre todos los demonios y para curar enfermedades (Lc. 9:1).

## AJUSTES MENORES, GRAN DIFERENCIA

Como Dios te ha dado este poder y esta autoridad, también tienes la responsabilidad de usarlos. No puedes regresar con Dios para rogarle que haga lo que te ordenó que hicieras. Debes tomar tu autoridad y debes usarla.

Dios no es el problema. La oración sí funciona. Lo que sucede es que la oración incorrecta no funciona. Debes orar, hablar, y actuar con base en la autoridad que Dios te ha dado.

Si solamente hicieras estos ajustes menores que he compartido contigo a través de este libro, verías una gran diferencia. Háblale a tus problemas y ordena que La Palabra de Dios se manifieste. Ora para que La Palabra de Dios se cruce por el camino de la gente que necesita volver a nacer. Deja de rogarle a Dios para que derrame Su espíritu, y empieza a salir y a sanar al enfermo, a limpiar a los leprosos, y a resucitar a los muertos. Haz lo que La Palabra dice, y verás que Su poder se manifiesta. Entonces tendrás todo el avivamiento que te puedas imaginar.

## Capítulo 18

## Hacer Cumplir la Ley

Usamos nuestra autoridad cuando aceptamos nuestra responsabilidad y hacemos lo que Dios nos dijo que hiciéramos. Sin embargo, esto no significa que podemos "ordenar" lo que se nos antoje. Todo lo que la autoridad puede hacer es hacer cumplir la ley.

En el ámbito natural, llamamos policías a los oficiales que vigilan el cumplimiento de la ley. Ellos sólo tienen autoridad para hacer cumplir lo que ya está establecido por la ley. Los policías no salen e inventan la ley. No son dictadores que pueden hacer lo que quieran. Están limitados. Todo lo que pueden hacer es hacer cumplir las leyes que están vigentes. Sucede lo mismo en al ámbito espiritual.

Cada creyente vuelto a nacer tiene un poder sobrenatural que Dios le dio. Sin embargo, hay leyes espirituales que gobiernan su funcionamiento. Al igual que un policía, todo lo que podemos hacer es hacer cumplir la ley que está vigente. No podemos usar el poder de Dios en una forma egoísta, porque no hay ninguna ley en la que Dios promete darte lo que codicias. Más bien, necesitamos conocer cuáles son las leyes del reino de Dios y reconocer que nuestra autoridad simplemente consiste en hacer cumplir estas leyes espirituales.

En el ámbito natural, algunas personas tratan de quebrantar las leyes establecidas. Por esto existe la necesidad de tener policías—personas que hagan cumplir esas leyes. En el ámbito espiritual, hay demonios que constantemente están tratando de estorbarnos, de oprimirnos con su maldad, y de evitar que recibamos toda la provisión de Dios. Debemos hacer cumplir las leyes espirituales del reino de Dios que nos han sido dadas.

## UN CONTRATO LEGAL QUE OBLIGA

La mayoría de la gente no se da cuenta que el reino de Dios opera regido por una ley. En cambio, piensa que el reino está controlado directamente por el Señor, y que Él constantemente cambia sus estados de ánimo. Dicen cosas como éstas: "Nunca sabes lo que va a hacer Dios", y "No puedes limitar a Dios". Dios está más allá de los límites que le podemos poner, pero ha establecido leyes espirituales que ni Él mismo quebrantará.

*Has engrandecido tu palabra por encima de tu nombre*

Salmo 138:2[1]

Aunque muchos versículos revelan el poder del nombre de Jesucristo (Fil. 2:9-11), Dios ha exaltado Su Palabra incluso por encima de Su nombre. El nombre de una persona no vale más que su palabra. Si no cumplen con su palabra, su nombre no vale de nada. Sin embargo, el nombre de Jesucristo es poderoso porque Él nunca se retracta de Su Palabra. Cuando Dios dice algo, eso se convierte en un contrato legal que obliga.

[1]N.T. Traducción al español de la versión King James: "Thou hast magnified thy Word above all thy name".

*No olvidaré mi pacto, ni mudaré lo que ha salido de mis labios.*

Salmo 89:34

Cuando Dios declara algo que sale de Su boca, esa Palabra Suya es un pacto. Es un contrato que Él no quebrantará.

Jesucristo sustenta…

*Todas las cosas con la palabra de su poder.*

Hebreos 1:3

En otras palabras, todo nuestro universo está sostenido por la integridad y el poder de La Palabra de Dios. Si Él quebrantara una promesa o violara de alguna otra forma Su Palabra, todo el mundo, el universo, y tú y yo nos destruiríamos. Es la integridad de Dios la que sostiene todo.

## LA LEY DE LA FE

Así que cuando Dios declara algo que sale de Su boca, se convierte en un contrato—una ley. Ya que dijo algo, no lo cambiará. Para poder usar tu autoridad con eficacia, debes saber cuáles son Sus leyes.

Cuando un policía nuevo es contratado, inmediatamente estudia las leyes que va a hacer cumplir. Su jefe no le dice: "Empieza a trabajar aunque no sepas nada y ¡ojalá que funcione! A lo mejor la gente te va a obedecer". No, ésa no es su actitud de ninguna manera. El policía recibe entrenamiento para conocer las normas y leyes, y para saber qué es legal y qué es ilegal.

Un policía tiene que conocer la ley porque no puede operar fuera de los límites de ésta. No puede hacer lo que quiera. Un policía tiene autoridad, pero el límite de esa autoridad está determinado por la ley. Si no hay una ley que dicte lo que está tratando de hacer cumplir, entonces no puede hacer nada.

Sucede lo mismo en el ámbito espiritual. No puedes escoger lo que quieres hacer guiado solamente por tus deseos egoístas. Debes saber cuáles son las leyes que gobiernan el reino de Dios, y luego someterte a ellas. Si tratas de hacer cumplir algo fuera del ámbito de estas leyes, no funcionará. Tú no puedes usar la autoridad que Dios te dio para hacer lo que se te antoje.

Romanos 3 habla de "**La ley de la fe**".

*¿Dónde, pues, está la jactancia? Queda excluida. ¿Por cuál ley? ¿Por la de las obras? No, sino por la ley de la fe.*

Romanos 3:27

La fe tiene una ley. Hay una ley de la fe.

## ¿LEY O CONTINGENCIA?

En el ámbito físico, hay leyes naturales. Entre muchas otras están la ley de la gravedad y las leyes de la aerodinámica (ciencia que estudia los fenómenos que acompañan al movimiento de un cuerpo en una masa gaseosa). Una ley es algo que es tanto constante como universal. Si la gravedad funcionara en los Estados Unidos, pero no funcionara en otro país, entonces sería un fenómeno, pero no una ley. Si es una ley, esto significa que es constante para todas las personas en el planeta. Es igual para todos, y siempre es así.

La gravedad no se incrementa de vez en cuando. Sin embargo, en algunas ocasiones puedes ver cosas que te hagan pensar que sí. Hace unos años, un avión estaba preparándose para aterrizar en Colorado Springs. Cuando estaba dando la vuelta para acercarse y aterrizar, de repente se aceleró y prácticamente se clavó en el piso. Hizo un cráter y la pieza más grande del avión que pudieron encontrar medía unos treinta o sesenta cm. cuadrados. El avión explotó y todos los pasajeros murieron. Los detectives hicieron una investigación que duró tres o cuatro años, sin embargo, nunca encontraron evidencia de que el piloto hubiera cometido un error, o de alguna falla mecánica que hubiera ocasionado el accidente. Sin embargo, tampoco dijeron: "Bueno, la gravedad de repente se incrementó e hizo que el avión se estrellara de esa manera". No, ni siquiera consideraron esa posibilidad, porque la gravedad es una ley—es constante. No dijeron: "Bueno, las leyes de la aerodinámica dejaron de operar". No, son leyes—siempre operan de la misma manera.

Si alguna vez vas a tener una relación productiva, efectiva, y poderosa con el Señor, debes abandonar la idea que dice que Dios es inconstante. Tienes que abandonar la forma de pensar que dice: "A veces Dios quiere hacer esto y a veces quiere hacer aquello. Nunca sabes qué ánimo tiene. A lo mejor va a sanar a esta persona pero no a esta otra. Quizá quiere que esta persona sufra por el resto de su vida". Así no es Dios, y así no funciona Su reino.

Dios es el que creó el cielo y la tierra. Su creación está tan sujeta a leyes y es tan sistemática que podrías retroceder cinco años, o hasta cinco mil años, y podrías determinar exactamente dónde estaban Marte, Júpiter, y el resto de los planetas. Todo funciona como un reloj, en una forma perfecta y constante. Puedes calcular con exactitud cuándo ocurrirá un eclipse, porque el eclipse es así de predecible.

Me sorprende ver cómo la gente puede pensar que Dios— quien creó tal orden en el universo—haría cosas fortuitas y al azar en nuestras vidas. El orden no surgió del caos. Dios mismo es un Dios de orden. Él creó leyes—naturales y espirituales. Dios mismo es constante y predecible porque Él opera a través de Sus propias leyes espirituales.

Tienes que saber cuáles son Sus leyes espirituales. Luego—ya que lo hagas—toma tu autoridad como creyente y hazlas cumplir. Si eres ignorante con respecto a La Palabra de Dios, entonces no serás muy eficaz cuando ejerzas tu autoridad porque Satanás te desanimará.

## IGNORANTE DE LO QUE HA SIDO PROVEÍDO

En la época en que la gente todavía atravesaba el Atlántico por barco, un hombre juntó todo el dinero que tenía para comprar un boleto con destino a los Estados Unidos de América. Le había quedado solamente un poco de dinero, con el cual compró unas galletas y algo de queso. Durante todo un mes en este viaje para cruzar el Atlántico, todo lo que tenía para comer eran esas galletas y el queso. Él veía cómo el resto de los pasajeros disfrutaban de la abundante provisión de comida y bebida en el comedor. Sin embargo, él no tenía dinero para comprar comida, así que sólo se comía una porción de sus galletas con queso.

Cuando el viaje casi llegaba  a su fin, uno de los meseros se acercó a este hombre y le preguntó: "¿Señor, me di cuenta que nunca se reunió con nosotros en el comedor. Hicimos algo que lo molestara? ¿Por qué no comió con nosotros durante el viaje?"

El hombre contestó: "¡Ah!, no. No estoy molesto de ninguna manera. Me hubiera gustado mucho comer con ustedes. La comida se veía excelente, pero ya no me quedaba nada de dinero. Sólo tuve suficiente para comprarme unas galletas y algo de queso".

Confundido, el mesero vio a este hombre y le dijo: "¿No sabía Ud, que las comidas estaban incluidas en su boleto? Estaban incluidas en el precio que Ud. pagó".

Este hombre era ignorante de lo que por derecho era suyo, y por eso se lo perdió. Sin embargo, la verdad es que hubiera podido comer a diario como aristócrata y sin restricciones lo que se le antojara de los banquetes que se sirvieron durante todo el viaje. Muchos Cristianos actúan así. Son ignorantes de la vida abundante que Dios nos ha dado. Por lo tanto, viven sin disfrutar muchos de los beneficios que la muerte de Jesucristo proveyó. Como no saben lo que La Palabra dice, Satanás los convence cuando les dice: "La verdad es que nunca vas a prosperar. Sólo tendrás lo suficiente para sobrevivir".

¿Sabes qué es lo que La Palabra te promete en relación a la prosperidad? Deuteronomio 28 dice que Dios ha ordenado Su bendición sobre todo aquello en que pongas tu mano. El salmo 35:27 (Nueva Versión Internacional) nos revela que Dios ama el bienestar de Sus siervos. Si tú no conoces estas leyes espirituales, no las harás cumplir. No le exigirás a Satanás que deje de robarte y que suelte la provisión que Dios te dio. No disfrutarás lo que por derecho te pertenece en Cristo. Así que para que puedas usar tu autoridad y que puedas recibir las bendiciones de Dios, necesitas conocer cuáles son las leyes espirituales y de qué has sido provisto.

## LA CONFIANZA QUE TENEMOS

En una ocasión, un amigo íntimo me apremió para que orara por una amiga suya que padece artritis. Traté de incrementar la fe de ella mencionando todas las personas que personalmente he visto sanar de artritis, y le dije que la artritis no es un problema para Dios. Ella se me quedó viendo y dijo: "Bueno, yo creo que Dios puede sanar a las personas, pero no creo que tú puedas hacerlo". Por supuesto que es el poder de Dios y no el mío, pero Él me ha dado la autoridad para usarlo. Como ella no comprendía esto, se desconcertó y empezó a poner resistencia a la manera como estaba tratando de ministrarle. Luego me dijo: "Todo depende de si la voluntad de Dios es sanarme o no". Ella creía que Dios podía hacerlo, pero no creía que la sanidad es una ley—algo que Él ya hizo.

A través de la muerte, el entierro, y la resurrección del Señor Jesucristo, Dios ya ha sanado a toda persona que pueda ser sanada. Por las llagas que Jesucristo recibió en Su espalda hace dos mil años, fuimos—tiempo pasado—sanados (1 P. 2:24). Dios no está sanando a la gente en este momento. Él hizo Su parte hace mucho tiempo. Se estableció la ley, y ahora la sanidad nos pertenece. Sin embargo, depende de nosotros como creyentes saber cuál es la voluntad de Dios y ordenar su manifestación.

> *Esta es la confianza que tenemos en él, que si pedimos alguna cosa conforme a su voluntad, él nos oye. Y si sabemos que él nos oye en cualquiera cosa que pidamos, sabemos que tenemos las peticiones que le hayamos hecho.*
>
> 1 Juan 5:14,15

Ésta es la confianza que tenemos, que si pedimos alguna cosa *conforme a su voluntad,* sabemos que Él nos oye, y si sabemos que Él nos oye, sabemos que tenemos las peticiones que le hayamos hecho. Todo depende de: "¿Cuál es la voluntad de Dios?"

Algunas personas dicen: "Bueno, tú nunca sabes cuál es la voluntad de Dios". Esa clase de pensamiento socava este principio. Si tú piensas que Dios a veces desea que una persona sea salva, sana, o prosperada, y a veces no, entonces no sabes cuál es la voluntad de Dios. Si tú piensas que Dios es totalmente impredecible, entonces nunca usarás tu autoridad efectivamente porque no tendrás seguridad de cuáles son las leyes.

## SIN EXCEPCIONES

Un policía no puede hacer cumplir la ley con eficacia si piensa que a veces está bien exceder el límite de velocidad, y a veces no. ¿Es correcto robar un banco en algunas ocasiones pero en otras no?

¿Está permitido cometer asesinato de vez en cuando? No, así no es la ley. La ley no está vigente algunas veces y otras no. La ley es constante—es la misma todo el tiempo para todos.

En el ámbito natural, decimos: "Nadie está por encima de la ley". Eso significa que los políticos, los policías, cualquier otra persona, serán responsables si violan la ley. No siempre funciona así, sin embargo nos gustaría vivir de acuerdo a esa filosofía.

Sucede lo mismo en el ámbito espiritual. No hay excepciones. No es que a algunas personas La Palabra sí les funciona y a otras no. No es que a Dios le gustan algunas personas y hace que Su poder funcione para ellas, en cambio para otras no lo hace. Así no es. Dios ha establecido leyes, y necesitamos aprender cómo cooperar con éstas.

Podemos tener confianza que recibiremos cualquier cosa que pidamos de acuerdo a Su voluntad (1 Jn. 5:14-15). ¿Cómo podemos saber cuál es la voluntad de Dios? La Palabra de Dios revela Su voluntad.

> *Amado, yo deseo* [quiero] *que tú seas prosperado en todas las cosas, y que tengas salud, así como prospera tu alma.*
>
> 3 Juan 2

Dios quiere y desea que seas prosperado y que tengas salud, así como prospera tu alma. Ésta es la ley de Dios. Él quiere que prosperes y que tengas salud. Dios quiere que seas un conquistador del mundo (1 Jn. 5:5).

## UN DIOS BUENO Y UN DIABLO MALO

Juan 10:10 revela la voluntad de Dios y la voluntad del diablo muy claramente.

*El ladrón no viene sino para hurtar y matar y destruir; yo he venido para que tengan vida, y para que la tengan en abundancia.*

Satanás viene para robar, matar, y destruir, pero Dios viene para darte vida en abundancia. Si algo es vida y es bueno, es Dios. Pero si algo es malo—robar, matar, y destruir—es el diablo. Aunque esto es muy simplista, es verdad. Un Dios bueno y un diablo malo. Las cosas buenas provienen de Dios y las cosas malas provienen del diablo (Stg. 1:17).

El Señor ha establecido leyes para tu bienestar, para que puedas aprovechar la vida abundante de la que has sido provisto. Sin embargo, debes aprender cuáles son estas leyes para que puedas cooperar con ellas y para que le exijas a Satanás que deje de robar, matar, y destruir las bendiciones que por derecho te pertenecen.

En el ámbito natural, si alguien te robó algo, tienes el derecho de demandarlo. Podrías exigir que la policía arrestara a esa persona y que le abrieran juicio. Si es encontrada culpable, podrían encarcelarla u obligarla a que hiciera un reembolso. Sin embargo, todo depende de que la persona que sufrió el daño ejerza su derecho y que ponga una demanda. En cierto sentido, debes tomar tu autoridad y decir: "Voy a recibir lo que por derecho me pertenece".

Sucede lo mismo en al ámbito espiritual. Como cualquier otro creyente, tienes derechos y privilegios que Dios te dio. Él ha establecido Su voluntad para nosotros, pero de ti depende que reclames lo que Dios ha hecho por ti. Debes insistir sobre esto. Tienes que tomar tu autoridad y hacer cumplir esas leyes espirituales que han sido creadas para tu beneficio. La ignorancia de las leyes te impedirá hacer cargos. Te impedirá que saques a Satanás de tu vida. El diablo se desata cuando tú piensas que no tienes ninguna autoridad ni poder.

Muchos Crsitianos en realidad no saben qué es lo que les pertenece por derecho. Piensan que tienen que estar enfermos, pobres, y desanimados. Dicen: "Así es, y no puedo hacer nada al respecto". No saben que Jesucristo nos ha redimido de todas estas cosas.

## CONSTANTE Y UNIVERSAL

De la misma manera como el mundo físico funciona bajo el control de leyes naturales, Dios ha creado Su reino para que actúe bajo el control de leyes espirituales. Estas leyes son constantes y universales, así que es para tu beneficio conocerlas y luego cooperar con ellas.

No puedes escoger lo que se te antoje y luego decir: "Porque tengo autoridad como creyente, voy a obtener esta casa o ese carro. Está bajo mi poder y autoridad, así que lo ordeno y así será". No, tienes que cooperar con las leyes de Dios. Es más, hay leyes de Dios que específicamente te dicen que no codicies la casa, el carro, o la esposa de tu vecino. Dios no tiene una ley que te promete que puedes usar Su poder con propósitos egoístas para que exijas: "Esta persona va a morir para que me pueda casar con su cónyuge". Eso no va a funcionar porque el Señor no te ha dado ese derecho. No hay leyes espirituales en el reino de Dios que operen a través del egoísmo.

## Capítulo 19

# Cómo Fluye el Poder

El ejemplo de la mujer que padecía de flujo de sangre ilustra muy claramente estas verdades de que el reino de Dios opera a través de la ley.

*Pero una mujer que desde hacía doce años padecía de flujo de sangre, y había sufrido mucho de muchos médicos, y gastado todo lo que tenía, y nada había aprovechado, antes le iba peor, cuando oyó hablar de Jesús, vino por detrás entre la multitud, y tocó su manto. Porque decía: Si tocare tan solamente su manto, seré salva. Y en seguida la fuente de su sangre se secó; y sintió en el cuerpo que estaba sana de aquel azote.*

Marcos 5:25-29

*Luego Jesús, conociendo en sí mismo el poder que había salido de él, volviéndose a la multitud, dijo: ¿Quién ha tocado mis vestidos? Sus discípulos le dijeron: Ves que la multitud te aprieta, y dices: ¿Quién me ha tocado? Pero él miraba alrededor para ver quién había hecho esto. Entonces la mujer, temiendo y temblando, sabiendo lo que en ella había sido hecho, vino y se postró delante de él, y le dijo toda la verdad. Y él le dijo: Hija, tu fe te ha hecho salva; ve en paz, y queda sana de tu azote.*

Marcos 5:30-34

Jesucristo estaba en medio de una multitud que se había aglomerado a Su alrededor. Eso significa que la gente se estaba apiñando a Su alrededor, chocando con Él y tocándolo con frecuencia. Muchas personas estaban extendiendo sus brazos, tocándolo, y tratando de ser sanados. Sin embargo, esta mujer con el flujo de sangre, tocó el borde de Su manto, e instantáneamente el poder de Dios fluyó a través del cuerpo de Jesucristo, a través de Su manto, y hacia esta mujer. Inmediatamente, ella fue sanada de esa dolencia que la había atormentado por doce largos años. Tan pronto como eso sucedió, Jesucristo se volteó y preguntó: "¿Quién me tocó?"

## JESUCRISTO CRECÍA

Algunas personas creen en el concepto religioso de que Jesucristo sabía todas las cosas. Por lo tanto, consideran que ésta pregunta fue meramente un acto reflejo, y dicen: "Jesucristo no quiso decir eso. Él ya sabía todo lo que iba a suceder". Eso no es verdad. La Palabra dice que…

*Jesús crecía en sabiduría y en estatura, y en gracia para con Dios y los hombres.*

Lucas 2:52

Jesucristo era totalmente Dios, pero también totalmente hombre. Como Él estaba en la carne—en un cuerpo humano— tuvo que aprender cosas de la misma manera que tú y yo. La Palabra dice aquí que Él creció en sabiduría y en estatura. En Su espíritu, Jesucristo fue Señor al nacer. Eso es lo que los ángeles dijeron cuando hicieron su anuncio a los pastores.

*Os ha nacido hoy, en la ciudad de David, un Salvador, que es Cristo el Señor.*

Lucas 2:11

Así que aunque en el ámbito espiritual Él era Dios, Jesucristo no salió del vientre de Su Madre hablando en Hebreo. Tuvo que aprender a comer, a caminar, y a hablar. Tuvo que aprender quién era. Como Jesucristo estaba en un cuerpo, tuvo que enfrentar limitaciones—no eran limitaciones por el pecado, sino limitaciones debidas a que Dios no capacitó la parte física de nuestro cuerpo para que pudiera percibir, espiritualmente, las cosas que aún no hemos aprendido a través de nuestros sentidos.

Así que cuando Jesucristo estaba caminando a través de esta multitud y esta mujer lo tocó, Él percibió que el poder de Dios fluyó a través de Él, pero no sabía quién lo había tocado.

## "¿QUIÉN ME TOCÓ?"

La mayoría de la gente piensa que cuando te acercas a Dios para recibir sanidad (o cualquier otra cosa) Él te evalúa para ver qué tan merecedor eres. Piensan que después de que hiciste tu petición, Dios evalúa la situación para ver que tan merecedor eres—si has sido lo suficientemente bueno, si has tenido una buena moral, si has pagado tus diezmos, si has ayunado suficiente, si hay suficientes personas orando por ti, y si tu situación es suficientemente angustiosa. Entonces—con base en Su evaluación personal—Él desata Su poder y te sanas, o restringe Su poder y dice: "No, no has orado suficiente, no eres santo, no has ayunado suficiente, y/o tienes este pecado en tu vida, y hasta que te enfrentes a eso no te voy a sanar". La gente se inclina a ver a Dios de esta manera, se imaginan que está arriba en el cielo evaluándonos, y luego—dependiendo del resultado de Su evaluación—desata Su poder o no.

Estos versos en Marcos 5 destruyen totalmente esta idea equivocada. Jesucristo no sabía quién era esta mujer. Él no la vio acercarse. Ella tocó el borde de Su manto. Él percibió el fluir del poder, pero luego preguntó: "¿Quién me tocó?" Sinceramente

Jesucristo no sabía quién lo había tocado. Por lo tanto, no hizo una evaluación para ver si ella era merecedora o no. Esto muestra que el poder de Dios fluye regido por una ley.

Cuando tú te conectas a estas leyes espirituales, el poder de Dios fluye. El Señor no examina a una persona y dice: "No, tú no eres merecedora". Así no funciona. Hay leyes que gobiernan el funcionamiento del poder de Dios. Cuando coperas con esas leyes y haces que funcionen, el poder fluye. Si no lo haces, el poder no fluye. No significa en absoluto que Dios ame más a una persona que a otra. Se trata precisamente de una manifestación de una ley. Dios estableció Su reino para que funcione bajo el control de leyes espirituales. Como creyentes, debemos descubrir cuáles son esas leyes y debemos cooperar con ellas.

La electricidad se manifiesta bajo el control de una ley. Si tú estás haciendo tierra y agarras un cable con corriente eléctrica, te matará. No es que la compañía de luz te vio y dijo: "Vamos a darle una lección". No, hay leyes naturales. Tú activas esas leyes, y como consecuencia el poder fluye.

Sin embargo, un pájaro puede pararse en un cable sin electrocutarse porque no está haciendo tierra. No es porque la compañía de luz ama más a los pájaros que a la gente. Sólo que hay leyes que gobiernan el fluir de esta energía.

La electricidad ha existido desde que Dios creó la tierra. Siempre ha estado presente en la tierra en la forma de tormentas y de electricidad estática. La gente pudo haber usado la electricidad hace miles de años si hubieran comprendido las leyes que la gobernaban. Dios no "creó" la electricidad hace unos cientos de años, y sólo entonces le "permitió" a la gente que empezara a usarla. No, la electricidad estaba disponible para ser usufructuada para nuestro beneficio. Sin embargo, nuestra ignorancia de esas leyes nos impidió recibir su beneficio.

# DIOS NO DESCONECTÓ LA CORRIENTE

Sucede lo mismo en el ámbito espiritual. No es Dios el que permitió que la sanidad, los dones del Espíritu Santo, y otros aspectos sobrenaturales de nuestra fe simplemente "dejaran de existir" por más de mil años. Eso no es lo que sucedió. Dios no detuvo el fluir del poder. La gente entró a la Edad Media porque no retuvieron el conocimiento de las cosas de Dios.

La iglesia primitiva del Nuevo Testamento operó con mucha fuerza en el poder de Dios. Años después por la razón que sea, la iglesia por lo general entró en una etapa en la que se creía que los milagros y el poder de Dios habían cesado al final de la era de los apóstoles. Luego, a principios del siglo XX, el poder del Espíritu Santo se empezó a manifestar una vez más en lugares como en el avivamiento de la calle de Azusa, de los Ángeles, California. Hubo una oleada de sanidades, liberaciones, del don de hablar en lenguas, y de milagros que ha seguido aumentando por todo el mundo hasta el día de hoy.

No fue Dios el que detuvo el poder después de los primeros 200 años del Cristianismo y luego lo desató de nuevo después de 1700 años. No es que Él opere en ciclos, y ahora estamos en una "oleada" o "en medio de algo nuevo que Dios está haciendo". Así no funciona; como tampoco fue Dios el que hace mil años evitó que la gente usara electricidad, aviones, y carros. Todas las leyes estaban aquí, pero la ignorancia de la gente le impidió aprovechar estas leyes. Debido a su ignorancia, la gente moría por el calor cuando pudieron haber tenido aire acondicionado si hubieran conocido estas leyes. La gente estaba limitada y no podían recorrer grandes distancias en un período corto de tiempo. Tenían que caminar, o montar un camello, un burro, o un caballo. No fue Dios el que los mantuvo en ignorancia. Simplemente, ellos no sabían estas cosas.

No es Dios el que no te está sanando o bendiciendo. No es el Señor el que ha "querido" que sufras. Dios ha creado leyes, pero tú tienes que descubrir cuáles son estas leyes. Conforme aprendes a cooperar y hacer cumplir estas leyes, verás que la provisión de Dios se manifiesta para ti.

A lo mejor estás pensando: "No estoy de acuerdo. Eso me hace totalmente responsable. Estás diciendo que de mí depende recibir todo lo que Dios ha proveído". Sí, eso es exactamente lo que estoy diciendo. No es Dios el que no te ha sanado, prosperado, o liberado. Es nuestra propia ignorancia la que nos mantiene en esta esclavitud. Dios ya ha hecho Su parte. La Palabra revela claramente que el Señor ya nos ha sanado; pero, todavía falta que lo aprovechemos (1 P. 2:24).

## LA INCREDULIDAD TE ESTORBA PARA RECIBIR

Regresemos a Marcos 5 y continuemos estudiando a la mujer que tocó la orilla del manto de Jesucristo. El versículo 31 dice que había una multitud que se apiñaba a Su alrededor. Posiblemente eran unas trescientas o cuatrocientas personas las que estaban tratando de seguir a Jesucristo por esas calles de la ciudad. Aunque no sabemos con exactitud cuánta gente era, sí sabemos que había mucha gente aglomerándose a Su alrededor. No sólo querían estar cerca de Él, por el gusto de verlo de cerca querían acercarse porque había habido poder y virtud que fluía de Él y que sanaba a la gente. Una multitud estaba ahí, de los cuales muchos necesitaban ser sanados y liberados. Sin embargo, entre tanta gente sólo una persona recibió su sanidad.

Esta no fue la única vez que esto aconteció. Lo mismo sucedió en Juan 5 en el estanque de Betesda: había una multitud de minusválidos, sin embargo sólo una persona recibió sanidad. ¿Por qué una persona recibe sanidad cuando hay muchas que la necesitan?

A lo mejor tú no has recibido tu sanidad. Conoces a otras personas que sí la han recibido. ¿Por qué no has sanado? Una razón es que no comprendes que Dios ya hizo Su parte. No estás ejerciendo tu autoridad y haciendo cumplir las leyes espirituales. Eres ignorante respecto a lo que Dios ha dicho y ha hecho, así que te acercas pasivamente a Él y le preguntas: "Dios mío, por favor, si es Tu voluntad, ¿puedes sanarme? Señor, ¿Me liberarás y actuarás en mi vida?" Puedes decirlo de diferentes maneras, sin embargo la Biblia llama a esto "incredulidad". No estás creyendo en la evidencia.

Cuando Dios dijo: "Por cuya herida fuisteis sanados" (1 P 2:24), lo puso en tiempo pasado como una realidad que ya fue cumplida. Él ya lo hizo; por lo tanto, deberías creer La Palabra y decir: "Sé que ya está hecho. Él puso el mismo poder que resucitó a Jesucristo de entre los muertos en mi interior (Ef. 1:18-20). Tomo mi autoridad y ahora le hablo a mi problema y ordeno que estas cosas se manifiesten". En cambio, en vez de ejercer tu autoridad, te acercas pasivamente a Dios diciendo: "Dios mío, ¿podrías sanarme?, si es tu voluntad". Eso es incredulidad, y es la razón por la que no estás recibiendo. Eres ignorante de las leyes espirituales.

## PALABRAS

Esta mujer en Marcos 5 dijo:

*Si tocare tan solamente su manto, seré salva.*

Marcos 5:28

Aunque hay muchas leyes espirituales diferentes, una de las que determinan si has de recibir o no de parte de Dios es la que se refiere al poder de tus palabras.

*Del fruto de la boca del hombre se llenará su vientre; Se saciará del producto de sus labios. La muerte y la vida están en el poder de la lengua, y el que la ama comerá de sus frutos.*

Proverbios 18:20,21

Aunque muchas citas bíblicas revelan la importancia de nuestras palabras (véanse Mt. 12:34-37; Stg. 3; Mr.11), ésta claramente revela que tanto la muerte como la vida están en el poder de la lengua.

Cuando estamos tratando de recibir sanidad de parte del Señor, muchos de nosotros ignoramos esta ley y decimos: "He oído a la gente hablar de la secta cuyo lema es 'Declámalo y reclámalo; afírmalo y agárralo' y que le dicen a sus seguidores que pueden obtener lo que pronuncien: que se espera de ellos que digan que están sanos cuando no se sienten sanados. Ahora bien, yo sencillamente no creo en esas cosas". Así que cuando alguien les pregunta: "¿Cómo estás?" dicen, "Bueno, me estoy muriendo. Sólo tengo una semana de vida. El doctor me dijo que esto es terrible. Me siento muy mal". Están desatando muerte con su boca a través de su comunicación negativa. Sin embargo, "oran" y le dicen al Señor: "Dios mío, sáname, si es Tu voluntad". Luego cuando no ven la manifestación física de su sanidad, se molestan con Dios como si Él les hubiera fallado. Hay leyes que gobiernan la manera de recibir sanidad. Una de ellas dice que tendrás lo que dices (Mr. 11:23).

No puedes hablar muerte con tu boca y esperar recibir vida. Así no funciona. Podrías decir: "Bueno, simplemente no creo en eso". OK. Es como una persona que dice: "No creo que el cobre sea mejor conductor de la electricidad que la madera, así que voy a usar madera para conducir la electricidad en mi casa". Cuando conecten la madera a la electricidad, te aseguro que la energía no va a fluir: No va a prender las luces, los aparatos eléctricos, o el aire acondicionado. A lo mejor no te gusta esto, sin embargo así es como Dios estableció estas leyes.

## ¿MADERA O COBRE?

La fe fluye a través de las palabras. Las palabras desatan vida o muerte; si tú ignoras esta ley, eso no significa que la ley vaya a cambiar. Tú puedes declarar: "Puedo decir lo que quiera y eso no afecta en nada". Eso no es verdad. Decir que así es como operan las leyes del reino es tan falso como decir que la madera es un mejor conductor de la electricidad que el cobre. La creación de estas leyes no depende de ti. Sólo tienes que descubrir cuáles son estas leyes y hacerlas cumplir. La Palabra de Dios dice que la fe habla (Ro. 10:6).

Esta mujer en Marcos 5 empezó a activar algunas de las leyes de Dios cuando dijo: "Si tocare tan solamente su manto, seré salva". Cuando lo hizo el poder de Dios empezó a fluir. Jesucristo no la examinó para ver si era merecedora. El poder de Dios fluye cuando cooperamos con las leyes espirituales de Su reino. La electricidad no discrimina cuando mata a alguien. Sólo que hay leyes activas que rigen el fluir de la energía. O cooperas y usas la electricidad para tu provecho, o esas mismas leyes te matarán.

Sucede lo mismo en el reino de Dios. Hay muchas personas que oran para que la sanidad se manifieste porque no comprenden las leyes espirituales que rigen la sanidad. Cuando no ven que la sanidad se manifiesta, se enojan con Dios y le dicen: "Señor, si Tú hubieras querido, hubieras podido sanar a esta persona". No, Dios ha establecido el reino para que opere regido por leyes, y Él no puede violarlas.

El Señor no quiere que la gente muera por los efectos de la gravedad—caerse de puentes, edificios, o acantilados. Ésa no es la voluntad de Dios. Sin embargo, en Colorado Springs un hombre estaba escalando unas rocas en una montaña que está cerca de nuestras instalaciones y se cayó de una altura aproximada de 80 m. Él era uno de nuestros soldados sobrevivientes de Iraq, sin embargo no sobrevivió esta caída. No era la voluntad de Dios que este hombre muriera, pero ¿qué pudo haber hecho el Señor? ¿Suspender la ley de gravedad para salvar la vida de este hombre? Aunque Dios es el que creó las leyes que gobiernan este mundo físico, si Él suspendiera la gravedad porque no quisiera que este hombre muriera, multitudes de personas que dependen de la ley de gravedad habrían muerto.

Dios creó estas leyes, y Él no las suspende por capricho. Si tú no cooperas con la ley de la gravedad, podrías morir. Si saltas de un edificio de diez pisos, la gravedad te matará. Dios tuvo el propósito de que la gravedad fuera para tu beneficio y que te ayudara a funcionar aquí en la tierra. Si en este momento estás sentado en una silla, no tienes que hacer ningún esfuerzo para mantener la silla en el piso. La gravedad está funcionando. La misma ley que te ayudará si cooperas con ella, también te matará si la violas. Sucede lo mismo en el ámbito espiritual.

# Capítulo 20

## Coopera Con Dios

A algunas personas verdaderamente no les gustan estas verdades. Les consuela pensar que Dios es el que permitió que esta persona muriera y aquella fallara, que esta persona tuviera una crisis nerviosa y que ese matrimonio terminara en divorcio. Se consuelan con esta forma de pensar porque los absuelve de toda responsabilidad y pueden decir: "Whatever will be, will be (lo que será, será)". Comprendo que estas verdades que estoy compartiendo perturbarán a algunas personas, sin embargo es la verdad la que los liberará (Jn. 8:32).

Antes de que mi esposa y yo nos casáramos, había una muchacha que era muy buena amiga de nosotros. Yo estaba con ella cuando murió. Ella estaba orando y diciendo: "Dios me va a sanar. Ahora es el tiempo. Tiene que ser ahora". Ella estaba esperando que Dios la sanara. Sin embargo, nos asombramos cuando murió, porque honestamente esperábamos que Dios la sanara. Aunque me tardé casi cuatro años para aprender lo suficiente de La Palabra de Dios para comprender qué había sucedido, me di cuenta que habíamos violado muchas leyes espirituales y habíamos hecho muchas cosas mal.

## ¿EL MENSAJERO DE DIOS?

En ese tiempo de mi vida, yo estaba sometido a una doctrina falsa que dice: "Dios trae tragedia a tu vida para perfeccionarte. Te bendice con enfermedad y dolencias porque sólo a través de las dificultades puedes mejorar". Esto es absolutamente falso, pero en aquel entonces no comprendía lo suficiente de La Palabra y mi conocimiento era limitado. Así que lo creí y lo acepté.

De hecho, asistí a una conferencia fuera de mi estado en donde escuché a un hombre enseñar que Satanás es el mensajero de Dios. Dijo: "Cualquier cosa que el diablo quiera hacer en tu vida, tiene que obtener permiso de Dios. En resumidas cuentas, Dios es el que controla tanto lo bueno como lo malo. Así que, las cosa malas en realidad son enviadas por Dios para perfeccionarnos". Cuando regresé a mi casa de esta conferencia le di a mi amiga un casete de ese mensaje titulado: "Satanás es el Mensajero de Dios". Ella lo escuchó inmediatamente.

En ese mensaje, este hombre usó el ejemplo de un muchacho en edad de bachillerato que era muy tímido para evangelizar. Aunque no tenía valor para hablarle a otros de su fe, él quería que el Señor lo usara. Así que dijo: "Dios, haré cualquier cosa. Dame una enfermedad para que la gente pueda ver que no tengo temor de morir".

Al día siguiente, este muchacho se enfermó de leucemia, y finalmente murió de esta enfermedad. Cuando estaba enfermo y muriendo, le dio testimonio de su fe a la gente. Como era jugador de fútbol americano, todos los estudiantes de su escuela asistieron a su funeral. En la ceremonia, cuatro personas volvieron a nacer.

Este hombre uso ese suceso como un ejemplo de cómo Dios contestó la oración de este muchacho para que pudiera dar testimonio de su fe "bendiciéndolo" con leucemia. Esta muchacha escuchó ese casete y recitó la misma oración que el muchacho había orado. "Dios, dame leucemia para que pueda dar testimonio de mi fe en ti". Al día siguiente se desmayó y la llevaron de emergencia al hospital. Estaba muy enferma de leucemia, y finalmente ésa fue la causa de su muerte.

Dio no fue el que contestó esa oración. Dios no nos da enfermedad ni dolencias. Es Satanás el que se aprovecha de una "oración" como esa. Estos jóvenes abandonaron toda protección y se expusieron a la leucemia porque pensaban que era de parte de Dios.

## UNA MENTALIDAD INDECISA

Cuando esta muchacha murió, cuatro personas fueron vueltas a nacer en su funeral. Yo estaba ahí. Yo lo vi. Algunas personas pensaron: "Bueno, seguramente Dios no quiso sanarla". ¿Cómo puede alguien ser tan tonto y seguirse considerando racional? No estoy diciendo esto para criticar a nadie. Yo estuve involucrado personalmente en esa situación. Éramos tan tontos que le estábamos pidiendo a Dios un cáncer.

Si tú empiezas a pedirle a Dios que te dé un cáncer, creyendo que Él es el que lo genera, lo tendrás. No es Dios el que lo manda, sino que hay espíritus mentirosos que se disfrazan de ángeles de luz y pretenden ser los mensajeros de Dios (2 Co. 11:14). Si tú empiezas a orar para que la tragedia venga a tu vida, la tendrás en abundancia—y pensarás que proviene de Dios.

Hay leyes que gobiernan cómo opera Dios. Nosotros pedimos esa enfermedad, y nos sometimos a ella pensando que era de parte del Señor. Por lo tanto nunca peleamos en contra de ella. Nunca resistimos con determinación al diablo porque—de acuerdo a nuestra pervertida forma de pensar—eso habría sido pelear en contra de Dios. Pensábamos que Él era el que había mandado esta enfermedad. Así que estábamos pidiendo enfermedad, creyendo que Dios había contestado nuestra oración dándole leucemia a esta muchacha, y por otro lado, pidiéndole que se la quitara. Ésa es una mentalidad indecisa.

> **No piense, pues,** [el hombre con una mentalidad indecisa] *quien tal haga, que recibirá cosa alguna del Señor.*
>
> Santiago 1:7

Eso es violar y cancelar las leyes de Dios.

Mi influencia tuvo algo qué ver en la muerte de esta muchacha. En parte yo fui responsable. A algunas personas no les gusta aceptar su responsabilidad. A lo mejor tú conoces a alguien que murió. Quizá te divorciaste porque no entendías las leyes de Dios. No sabías cómo recibir algo por fe y como pelear la buena batalla de la fe. Esas tragedias y cosas negativas que has experimentado no eran la voluntad de Dios—fue tu culpa, o la del diablo, o la de alguien más. Muchas personas no quieren aceptar esta responsabilidad. Prefieren echarle la culpa a Dios. Comprendo cómo te sientes porque yo mismo he estado en esa situación. Sin embargo, yo acepto mi responsabilidad. Me di cuenta que hicimos muchas cosas mal. Violamos La Palabra de Dios y le abrimos una puerta al diablo a través de doctrinas falsas y creencias equivocadas.

Yo he aceptado mi responsabilidad, y he cambiado. He creído en la verdad, y la verdad me ha liberado. Desde entonces, he visto a muchas personas ser sanadas de leucemia. No puedo deshacer lo que hice, pero en cambio puedo redimir esa situación al ir y compartir estas verdades con otras personas y verlos liberados.

## NO PODER

En Marcos 6, Jesucristo fue a Su pueblo natal.

*Llegado el día de reposo, comenzó a enseñar en la sinagoga; y muchos, oyéndole, se admiraban, y decían: ¿De dónde tiene éste estas cosas? ¿Y qué sabiduría es esta que le es dada, y estos milagros que por sus manos son hechos? ¿No es éste el carpintero, hijo de María, hermano de Jacobo, de José, de Judas y de Simón? ¿No están también aquí con nosotros sus hermanas? Y se escandalizaban de él.*

Marcos 6:2,3

Estas personas lo conocían como el carpintero, el hijo de María y José. Sin embargo, la verdad es que Él no era un carpintero ni el hijo de José. Jesucristo era el Hijo de Dios que trabajó como carpintero por un período de tiempo. Estas personas lo conocían en el ámbito físico y natural, pero no sabían quién era verdaderamente. Debido a esto rechazaron Su ministerio pensando: "Él cree que es mejor que nosotros. Él creció con nuestros hijos. Lo he visto desde que era un niñito, y ahora está proclamando que es el Hijo de Dios". Debido a que estaban tan familiarizados con Jesús, se escandalizaron de Él y lo rechazaron.

*Más Jesús les decía: No hay profeta sin honra sino en su propia tierra, y entre sus parientes, y en su casa. Y no pudo hacer allí ningún milagro, salvo que sanó a unos pocos enfermos, poniendo sobre ellos las manos.*

Marcos 6:4,5

Fíjate cómo Jesucristo no pudo hacer allí ningún milagro. No es que no lo hubiera querido hacer—no pudo.

Muchas veces cuando la gente ora por algo, y ese algo no sucede, piensan que fue Dios el que decidió que no sucediera. Dios no es libre para actuar independientemente de nosotros. Él tiene que tener la cooperación de un creyente—que conozca las leyes y ejerza su autoridad—para poder fluir a través de él. Debemos cooperar con Dios. Si tú oras y ves que no pasa nada , debes evaluar lo siguiente: ¿Has cooperado con las leyes de Dios? ¿Aquello por lo que oraste, es algo que Dios prometió? Si estás orando por algo que no está descrito en La Palabra—¡detente! No es bueno para ti y Dios no lo ha proveído.

Cuando algo—como la sanidad—es una promesa para ti en La Palabra, ejerce tu autoridad como creyente y di: "Ésta es una ley de Dios, así que le ordeno a mi cuerpo que responda. En el nombre de Jesucristo, estoy ordenando que lo que Dios ya ha hecho se manifieste". Pero tienes que saber esto:

Marcos 6:5 dice que Jesucristo no pudo hacer allí ningún milagro. No es que no hubiera querido hacerlo, no pudo hacerlo. Dios mismo no violará nuestro libre albedrío. Él no te obligará a recibir algo. Él ha proveído—generado—el poder, pero tú debes cooperar y prender la luz. Debes aprender cómo recibir lo que Él ya ha hecho.

## TU LIBRE ALBEDRÍO

No es el Señor el que está permitiendo que la gente se muera y se vaya al infierno. La gente está escogiendo irse al infierno porque Dios les dio libre albedrío. Sin embargo, Él está haciendo todo lo que puede para evitar que eso suceda.

Ninguna persona que esté condenada al infierno podrá señalar a Jesucristo en el Día del Juicio y decirle: "¡No es justo. No me diste una oportunidad!" Dios ha puesto obstáculos y barreras en frente de cada persona que está en camino al infierno. Ellos tuvieron que ignorar a su propia conciencia que los ha acusado y les ha dicho que estaban mal y que deberían arrepentirse. Hubo gente que se cruzó por su camino hablándoles de Dios. Ha habido un sinnúmero de obstáculos. Dios ha sido digno de confianza en el trato que ha tenido con cada persona que ha vivido, tratando de desviarlos de sus caminos de destrucción.

Sin embargo, ellos escogen rechazar su invitación y lo ignoran. Por lo tanto, nadie podrá acusar a Dios. Él no es el que está mandando a la gente al infierno. Ellos sabrán que fue totalmente su elección.

Sucede lo mismo con la sanidad. No es Dios el que permite que la gente se enferme. Él ya ha proveído la sanidad de todos. Sin embargo, ignoramos lo que ha proveído y la manera de recibir a través de lo que dictan Sus leyes.

Así como Jesucristo no pudo hacer ningún milagro en Su pueblo natal, la incredulidad impide que Dios haga lo que quiere hacer en tu vida (Mt. 13:58). No fue la incredulidad de Cristo o Su falta de voluntad, sino la incredulidad de la gente la que limitó Su poder. Tu incredulidad impide que Dios haga Su voluntad.

Dios no va a actuar en tu vida sin tu cooperación. Debes estar de acuerdo con Él. Ésa es una de las leyes. Tu libre albedrío es algo que el Señor no va a violar. Puede ser que tú desees los resultados finales correctos, sin embargo, no los recibirás si desobedeces todas las leyes en tu camino. A lo mejor deseas disfrutar de buena salud, pero si estás viviendo en la inmoralidad sexual y vives en unión libre con la primera persona que se cruza por tu camino, a través de esas acciones estás activando las leyes. Estas leyes incluyen: segarás lo que siembres (Ga. 6:7-8) y la fe sin obras es muerta (Stg. 2:17). No puedes simplemente orar por algo, y luego actuar de manera contraria. El reino no opera así.

## PODEROSA E IMPORTANTE

Recientemente oré por una mujer que estaba en el hospital. Estaba moribunda y se veía muy mal. Como casi no tenía vida, no podía hablar o comunicarse. Hice todo lo que pude para discernir si había algo específico que pudiera ministrarle a ella o a su familia, pero no puede percibir nada. Así que oré de la mejor manera que pude y me fui.

Justo antes de que me fuera de esa ciudad, la familia me llamó y me dijeron que esta mujer estaba empeorando muy rápidamente. El doctor le dijo que sólo le quedaban una o dos horas de vida; como yo estaba predicando en una reunión, mandé a unos amigos al hospital. Después de que murió, mis amigos platicaron con la familia. Descubrieron que esta mujer había dicho: "Me rindo. Estoy lista para morir". Ella había perdido la fe. Yo estaba tratando de ejercer mi autoridad y de ministrarle sanidad, pero lo estaba haciendo en contra de su voluntad. Así no funciona.

Dios nos dio libre albedrío. Hasta un doctor te dirá que cuando alguien pierde el deseo de vivir, esa persona morirá. El achaque podría inclusive ser algo sin importancia que podría ser curado con medicina, pero sin el deseo de vivir, esa persona morirá. Sin embargo cuando algunas personas no pueden ser curadas por la medicina y los doctores dicen: "No hay nada que podamos hacer. Va a morir", hay algunas que verdaderamente tienen un fuerte deseo para vivir, pelean con todo lo que tienen y sobreviven. Tu voluntad personal es muy poderosa e importante.

Una de las leyes de Dios dice que no puedes desear algo, y esperar buenos resultados cuando estás actuando en forma contraria. No puedes someterte al diablo y servirlo—dándole acceso total a tu vida—y al mismo tiempo cosechar los beneficios de una vida santa. No es porque Dios no quiera actuar, o que piense que no eres merecedor (en realidad nadie es merecedor). Dios no actúa en nuestras vidas porque lo merecemos. Sin embargo, para poder recibir la manifestación de Su provisión—Su voluntad—debes cooperar con Él.

## Capítulo 21

## Como Piensas

Tienes que aprender cuáles son las leyes de Dios y debes cooperar con éstas. No puedes ver programas de televisión que te depriman y luego actuar con gozo. No puedes recibir todas las malas noticias sin fortalecer la incredulidad. Si quieres un corazón puro, no puedes ver películas que están llenas de adulterio y de fornicación. Vas a tener que pensar en cosas que son verdaderas, honestas, justas, puras, amables, virtuosas, dignas de alabanza, y que son de buen nombre (Fil. 4:8). Sin embargo, la gente malinterpreta estas leyes.

Tu vida se mueve en la dirección de los pensamientos que te dominan.

*Cual es su pensamiento en su corazón, tal es él.*

Proverbios 23:7

Cosecharás emociones con base en aquello en lo que enfoques tu atención.

*Porque el ocuparse de la carne es muerte, pero el ocuparse del Espíritu es vida y paz.*

Romanos 8:6

Ésa es una ley de Dios. Por lo tanto, no puedes experimentar la paz de Dios si constantemente estás meditando en cosas contrarias a la paz—odio, pleitos, y la impiedad. No se trata solamente de que ores y pidas paz; debes aprender a mantener tus pensamientos centrados en Dios y en Su Palabra.

> *Tú guardarás en completa paz a aquel cuyo pensamiento en ti persevera; porque en ti ha confiado.*
>
> Isaías 23:3

## EL CONOCIMIENTO DE DIOS

Tus emociones obedecerán a tus pensamientos. Ésa es una ley de Dios. Así que si estás orando por paz, pero no estás enfocado en Dios, es como si estuvieras corriendo en círculo. No va a funcionar. Desear las cosas de Dios es parte del proceso, pero no lo es todo.

> *Gracia y paz os sean multiplicadas, en el conocimiento de Dios y de nuestro Señor Jesús.*
>
> 2 Pedro 1:2

La gracia y la paz se te multiplican a través del conocimiento de Dios y de nuestro Señor Jesucristo—no a través de la oración. No se trata de que le ruegues a Dios. Las leyes de Dios dicen que debes pensar en las cosas correctas para recibir los resultados correctos.

> *Regocijaos en el Señor siempre. Otra vez digo: ¡Regocijaos! Vuestra gentileza sea conocida de todos los hombres. El Señor está cerca. Por nada estéis afanosos, sino sean conocidas vuestras peticiones delante de Dios en toda oración y ruego, con acción de gracias. Y la paz de Dios, que sobrepasa todo entendimiento, guardará vuestros corazones y vuestros pensamientos en Cristo Jesús.*
>
> Filipenses 4:4-7

Conforme mantienes tu mente enfocada en el Señor, la paz de Dios guardará tu corazón y tu mente. El siguiente verso continúa, diciendo:

*Por lo demás hermanos, todo lo que es verdadero, todo lo honesto, todo lo justo, todo lo puro, todo lo amable, todo lo que es de buen nombre; si hay virtud alguna, si algo digno de alabanza, en esto pensad.*

Filipenses 4:8

En otras palabras, ésta es una orden para que mantengas tu mente enfocada en el Señor y en Su Palabra (Is. 26:3)

*En esto pensad.*

Filipenses 4:8

Éstas son leyes de Dios. Así es como opera el reino.

## EL EVANGELIO ES LA MEDICINA QUE DA DIOS

Dios te creó de tal forma que tanto tu salud física como tu salud emocional están directamente ligadas a tu forma de pensar. Si estás pensando en cosas deprimentes, estarás deprimido. Si estás pensando en el Señor y en Su Palabra, estarás lleno de vida, gozo y paz.

La Palabra de Dios es…

*Vida a los que las hallan. Y medicina a todo su cuerpo.*

Proverbios 4:22

La Palabra de Dios trae salud.

*Envió su palabra, y los sanó, y los libró de su ruina.*

Salmo 107:20

La receta médica de Dios para la salud es Su Palabra. Tómala a diario, como una medicina. Mucha gente está orando para tener salud, pero están violando las instrucciones del Gran Médico. No se están tomando su medicina.

Qué tal si el doctor que viste respecto a tu problema te prescribe un tratamiento—tomarte una pastilla todos los días—pero tú no te la tomas. Luego te molestas con el doctor por tu tratamiento y le dices: "No es un buen tratamiento. No funcionó". Sin embargo cómo tú no te tomaste las pastillas, no tienes derecho a criticar al doctor. Tú no cooperaste con el tratamiento prescrito. El doctor te dio un tratamiento, pero tú no lo seguiste.

Dios nos ha dado un tratamiento: la medicina que da Dios—Su Palabra. Mandó Su Palabra para sanarnos y liberarnos de nuestras destrucciones (Sal. 107:20). La Palabra de Dios es salud para nuestro cuerpo y vida a los que la hallan (Pr. 4:22). Ésta es la receta del Médico de médicos.

## MUCHO MÁS ABUNDANTEMENTE

En el reino de Dios, hay leyes que gobiernan la fe y la sanidad. Sin embargo, continuamente violamos estas leyes. Luego oramos para recibir sanidad y nos preguntamos por qué no estamos recibiendo. ¡Eso es ignorancia llevada al máximo!

Por favor no te sientas condenado. No estoy tratando de condenar a nadie. Solamente quiero que la gente deje de condenar a Dios. Dicen: "Dios quiso que esa persona se muriera, que este negocio no funcionara, que ese matrimonio terminara en divorcio, y que mis hijos sean rebeldes", y así por el estilo. ¿Por qué le echan la culpa a Dios? "Porque oré y pedí algo, y no lo recibí". Ignoran totalmente el hecho de que Dios no puede hacer todo lo que quiere hacer. Hay leyes que gobiernan el funcionamiento de Su reino. Si violamos esas leyes, en realidad le estamos dando poder al diablo para que venga a robar, matar, y destruir. Necesitamos cooperar con las leyes de Dios para recibir Su vida abundante.

La mayoría de la gente piensa que Dios puede hacer cosas mucho más abundantemente de lo que pedimos o entendemos. Sin embargo, eso no es verdad. Debes leer todo el versículo para obtener el significado completo.

*Y a Aquel que es poderoso para hacer todas las cosas mucho más abundantemente de lo que pedimos o entendemos,* **según el poder que actúa en nosotros.**

Efesios 3:20

La última frase le pone un límite a la primera. Dios no es libre para actuar en tu vida independientemente de ti. Dios ha establecido que tiene que actuar a través de la gente. Él no controla tu vida sin tu consentimiento o acuerdo. Tiene que haber poder operando en tu interior—específicamente el poder de la fe. Tienes que motivarte y avivar esa fe.

Muchas personas se desploman en un sofá enfrente de la televisión. Se desaniman y se deprimen cuando escuchan todas las malas noticias. En realidad no pasan tiempo con Dios ni con Su Palabra. Luego cuando tienen problemas lanzan una oración, y si no se manifiesta nada dicen: "Lo que pasa es que Dios falló".

Está absolutamente mal que condenemos a Dios. No es Dios el que ha dejado de ser bueno, o dejado de contestar las oraciones de las personas. Somos nosotros los que fallamos y no sabemos cómo recibir. No nos damos cuenta que hay leyes que gobiernan hasta la forma de actuar de Dios. Él no va a resistir al diablo por ti. Dios no va a hacer lo que te dijo que hicieras (Stg. 4:7). Él te ordenó que sanaras al enfermo (Mt. 10:8). Él generó el poder y lo puso en tu interior—el mismo poder que resucitó a Jesucristo de entre los muertos (Ef. 1:10-20). Él te ha dado lo que necesitas, pero después de hacerlo te dijo que salieras a imponer las manos en los enfermos, y que ellos sanarían (Mr. 16:18). Muchos de nosotros estamos violando todas las instrucciones y admoniciones de La Palabra de Dios, y luego lanzamos una oración. Y si no funciona, entonces Dios falló. Eso no es verdad. ¡Dios es fiel, fiel, fiel!

## YO SOY EL PROBLEMA—NO DIOS

A mí me han sucedido cosas malas. Algunas personas con las que tenía una estrecha relación murieron—inclusive después de que oré por su sanidad. Sin embargo, en la mayoría de los casos, puedo ver que yo fui el que falló. En algunos casos, todavía no comprendo exactamente por qué las cosas sucedieron como sucedieron; sin embargo, he llegado a la convicción de que Dios siempre es fiel. Él nunca es el que falla. De alguna manera, yo fallé porque no comprendí ni cooperé con las leyes de Dios.

Me consuela saber que yo soy el problema—y no Dios. Éste es uno de los grandes beneficios de comprender la autoridad del creyente. Sin embargo la mayoría de la gente es diferente. No pueden aceptar la responsabilidad por el fracaso en sus vidas. Sí, es verdad que comprender esto nos hace responsables, pero también explica por qué no siempre vemos que las cosas salgan bien. La razón es: Dios no siempre tiene gente que coopere con Sus leyes.

El fluir del poder de Dios en tu vida está relacionado directamente con lo que crees. No es proporcional a tu santidad. Todos fallamos de diferentes maneras y nos quedamos por debajo del estándar. El meollo del asunto es la fe. Tú tienes lo que crees. Si tú crees que Dios ya te ha sanado y empiezas a ejercer tu autoridad, verás que la sanidad se manifiesta. En cambio si tú crees que Dios puede sanar, pero que todavía no lo ha hecho, entonces esa sanidad no se manifestará. El simple hecho de que no te guste cómo funciona el reino, no hace que las leyes cambien. Así es Dios.

# Capítulo 22

# Honra a Dios

Cuando cooperas con las leyes espirituales de Dios, Su poder fluye. Cuando las desobedeces, se detiene el funcionamiento del poder de Dios. Una vez más, vemos esto claramente en Marcos 5 en el ejemplo de la mujer con el flujo de sangre.

> *Una mujer que desde hacía doce años padecía de flujo de sangre, y había sufrido mucho de muchos médicos, y gastado todo lo que tenía, y nada había aprovechado, antes le iba peor.*
>
> Marcos 5:25-26

Esta mujer había visto doctores por 12 años. Aunque los tratamientos de los doctores le habían quitado hasta el último centavo que tenía, eso no la había ayudado en nada.

## LOS DOCTORES NO SON INFALIBLES

Si una mujer como ésta se acercara a mí tratando de ser sanada y me diera hasta el último centavo que tuviera, y aun así no recibiera su sanidad, alguien aparecería en las noticias acusándome de ladrón y charlatán. Como siempre esperamos que el poder de

Dios fluya instantáneamente, la gente atacaría a un predicador si algo así sucediera. Sin embargo, no pensamos que tenga nada de malo darle todo nuestro dinero—cientos de miles de dólares—a los doctores que cometen errores y hasta matan a la gente. No estoy en contra de los doctores. Sólo estoy diciendo que no son infalibles. Sin embargo, casi nadie piensa en eso.

En al ámbito natural, la gente comprende que hay leyes, y que a veces surgen problemas y que no todo funciona como esperábamos. Sin embargo, en relación a las cosas de Dios, la gente piensa que deben funcionar con facilidad, y totalmente libres de problemas. No obstante, hay leyes espirituales que gobiernan el reino de Dios. No es que al Señor se le dificulte hacer las cosas—somos nosotros. Nosotros estamos lidiando con cosas. Así que podría haber un problema para que puedas recibir a través de mí—no es que Dios sea el problema, sino que—yo no lo sé todo, ni tú tampoco.

Algunas veces cuando estoy orando por alguien, vemos que su sanidad se manifiesta un 50 por ciento, así que sigo orando con esa persona. Algunas personas me han preguntado: "Si verdaderamente Dios quiere sanarlos, ¿por qué tienes que orar por ellos una y otra vez, peleando la batalla de la fe? Si es la voluntad de Dios, entonces simplemente deben sanar". Ésa es una persona que no comprende que hay leyes espirituales que gobiernan el reino de Dios, y que apenas estamos descubriendo y comprendiendo cómo funcionan las cosas. Algunas veces se lleva tiempo, no porque Dios tenga problemas, más bien porque yo estoy teniendo un problema, o la persona que está recibiendo está teniendo un problema. Ninguno de nosotros ya lo sabe todo.

Esta mujer había sufrido muchos años con los doctores y sus tratamientos; sin embargo, nadie pensó que eso estaba mal. Estoy seguro que sus amigos creían que ella estaba haciendo lo correcto. Y aunque los doctores le sacaron hasta el último centavo sin ayudarla en realidad, sus amigos la exhortaron para que regresara con los doctores y para que volviera a intentarlo. Sin embargo, posiblemente esos amigos le dijeron que era una "fanática" y una "extremista" cuando ella escuchó sobre Jesucristo y decidió intentar recibir su sanidad en forma sobrenatural a través de Él.

## LA FE VIENE POR EL OÍR

Esta mujer actuó con determinación. "Oyó hablar de Jesús" (Mr. 5:27), y de lo que había hecho por otros; lo que nos lleva a otra ley de Dios. No puedes creer y recibir de parte de Dios sin que de alguna manera primero escuches sobre Jesús y Su Palabra.

*¿Cómo pues, invocarán a aquel en el cual no han creído? ¿Y cómo creerán en aquel de quien no han oído?...Así que la fe es por el oír, y el oír, por la palabra de Dios.*

Romanos 10:14-17

Muchas personas que están tratando de creer y recibir de parte de Dios no están meditando en Su Palabra. La fe viene a través de La Palabra de Dios. Si tú quieres incrementar y desatar tu fe, necesitas incrementar tu revelación en el conocimiento de La Palabra de Dios. Es así de simple, sin embargo hay personas que violan esta ley todo el tiempo. Sólo esperan recibir aquello que pidieron porque están en una situación crítica. Ni siquiera saben las cosas elementales sobre la fe en Dios. No estudian La Palabra. Solamente se sientan en frente de la televisión viendo toda clase de basura, y preguntándose por qué no están teniendo fe.

Tanto la fe como la incredulidad vienen por el oír. Si tú escuchas todas las cosas negativas que están en la televisión y en la radio en vez de buscar a Dios, estarás lleno de incredulidad y no recibirás nada. En resumidas cuentas ésa es la ley de Dios. A algunas gentes no les gusta eso y dicen: "Entiendo, pero eso no encaja con mi estilo de vida". A lo mejor deberías cambiar tu estilo de vida para que se conforme a La Palabra.

Me asombro al ver algunas personas que se acercan a mí porque quieren que Dios intervenga en sus vidas. Al hablar con ellos, es obvio que en todo un año no han pasado ni una hora en La Palabra. No oran ni buscan a Dios. No han estado asistiendo a la iglesia, ni estudiando La palabra, ni escuchando enseñanzas bíblicas. Están viviendo sus vidas enfocados en sí mismos, atados por el desánimo y la desesperación que vienen por mantener sus mentes enfocadas en cosas malas. Sin embargo, quieren todos los beneficios que vienen por mantener la mente enfocada en Dios. Me molesto cuando la gente critica y difama a Dios como si Él fuera el que falló. El Señor no está fallando. Nosotros somos los que hemos fallado y no estamos reconociendo y cooperando con Sus leyes.

## HABLA Y ACTÚA

Esta mujer en Marcos 5 se había propuesto recibir algo de Dios.

*Porque decía: Si tocare tan solamente su manto, seré salva.*

Marcos 5:28

Ella declaró su fe. Y luego actuó con base en eso. Ésa es una de las leyes de Dios. Si ella se hubiera quedado al margen de la multitud, diciendo: "Yo creo, yo recibo. Yo creo, yo recibo" sin actuar en relación a lo que estaba diciendo, no habría recibido.

Para poder actuar con base en su fe tuvo que dejar de darle importancia a lo que la gente pensaba. Ésa es otra ley espiritual. Jesucristo dijo:

*¿Cómo podéis vosotros creer, pues recibís gloria los unos de los otros,*
*y no buscáis la gloria que viene del Dios único?*

Juan 5:44

En otras palabras si eres un "adulador", eso limitará tu fe. Te estorbará para creer. Jesucristo dijo: "No puedes creer si estás buscando el honor que viene de otras personas en vez de Dios". Si estás preocupado por lo que todos van a pensar, eso evitará que puedas recibir.

## CONCÉNTRATE EN EL SEÑOR

De acuerdo a ciertas leyes del Antiguo Testamento, los Judíos pensaban que alguien con flujo de sangre estaba contaminado (Lv. 15:19-33). Si alguien tocaba algo que una persona contaminada había tocado—como una silla de montar, una taza, un lavabo, o ropa—también se contaminaba. Así que cualquiera que tocaba a una persona contaminada también se contaminaba. Debido a esto, los Judíos exigían que una persona contaminada se quedara al margen de las multitudes y que gritara: "Inmundo, inmundo" para que la gente se alejara de ella.

Cuando esta mujer gateó a través de la multitud y tocó el borde del manto de Jesucristo, ella tocó a la gente. Se arriesgó a que estas personas se enojaran con ella, que la condenaran, y que la apedrearan hasta matarla. Cuando Jesucristo la identificó enfrente de toda esa gente, ella tuvo que armarse de valor para pasar al frente.

Esta mujer llegó al grado de que ya no le importaba lo que los demás pensaran. Menospreció el riesgo personal que tomó al acercarse a Jesucristo. Se concentró más en el Señor y en lo que Él tenía que decir que en lo que otras personas tuvieran que decir. Mucha gente no recibe de parte de Dios porque son "aduladores de los hombres".

*El temor del hombre pondrá lazo.*

Proverbios 29:25

Ésa es una ley de Dios. Si tienes miedo de otras personas y de lo que van a decir, eso limitará tu fe; evitará que recibas aquello por lo que estás creyendo. Tienes que alcanzar el punto de tu corazón en el que digas:

*Sea Dios veraz, y todo hombre mentiroso.*

Romanos 3:4

Debes llegar a un punto donde puedas declarar con honestidad: "Dios mío, Tú eres todo lo que me importa. Voy a hacer lo que me pidas sin que me importe lo que suceda". Debes creer con todo tu corazón. No puedes abrigar reservas y temores.

## ALGUIEN QUE HONRA SOLAMENTE A DIOS

En una ocasión le ministré a una mujer que había sido sentenciada a muerte por los doctores. Tenía tres tumores cancerosos muy grandes que estaban abiertos y secretando sangre. Después de que oramos, cada uno de ellos se redujo al tamaño de una moneda y fueron extraídos con facilidad por el doctor en un tratamiento ambulatorio.

Aunque el cáncer fue curado milagrosamente por el Señor sin los doctores, cuando su familia vio los resultados, quiso que esta mujer recibiera tratamientos de quimioterapia por si había quedado algo de cáncer. Le dije que no lo hiciera, que Dios la había sanado y no los doctores. No necesitaba exponerse a todos los problemas que los tratamientos de quimioterapia producirían. Sin embargo, ella escogió ir a los doctores, y casi murió por las complicaciones.

Después de eso, una vez más, la exhorté diciéndole que la gente sana no recibe tratamientos de quimioterapia y que no eran

212

necesarios. Pero esta mujer estaba muy preocupada por la opinión de su madre, su esposo, sus hijos, y la gente de su iglesia. Sabía que el Señor la había sanado totalmente y que ya no necesitaba atención médica, sin embargo, no pudo actuar en contra de lo que esas otras personas decían. Así que recibió el tratamiento y falleció por los efectos de la quimioterapia.

El temor a lo que la gente piensa pone un lazo (Pr. 29:25). Ésta es una ley de Dios. Verdaderamente no puedes creer en Dios si estás preocupado por lo que otra gente piensa (Jn. 5:44). Tienes que ser una persona que honre solamente a Dios.

Éstas son algunas de las leyes que gobiernan el reino de Dios. Al ejercer nuestra autoridad de creyentes, no tenemos libertad para escoger y hacer que Dios haga ciertas cosas. Todo lo que hacemos es poner en vigor las leyes que Él ya ha establecido. Descubrimos qué es lo que Dios ya ha proveído y cómo dijo que funciona, luego cooperamos con y aplicamos esas leyes.

## Capítulo 23

# No Es Un Ejemplo del Nuevo Testamento

Satanás no está usando un poder y una autoridad sobrehumanos o angelicales. Simplemente son el poder y la autoridad que Dios le dio a la humanidad lo que le entregamos al diablo cuando lo obedecimos y desobedecimos a Dios. Así que en realidad no son sino poder y autoridad humanos los que están siendo usados en nuestra contra. Por lo tanto, el diablo no puede hacer nada en nuestra contra sin nuestro consentimiento y nuestra cooperación.

Comprender estas verdades cambia radicalmente nuestra forma de ver la guerra espiritual. Reconocemos que el diablo es un enemigo derrotado. Jesucristo lo despojó totalmente de todo poder y autoridad a través de la cruz. Sin embargo, la guerra que enfrentamos hoy consiste en hacer cumplir la victoria del Señor, en pelear en contra de las asechanzas del diablo—sus mentiras, engaños, y astucia (Ef. 6:11).

Todas las citas bíblicas en el Nuevo Testamento revelan que la batalla está en nuestra mente.

*Pues aunque andamos en la carne, no militamos según la carne; porque las armas de nuestra milicia no son carnales, sino poderosas en Dios para la destrucción de fortalezas, derribando argumentos y toda altivez que se levanta contra el conocimiento de Dios, y llevando cautivo todo pensamiento a la obediencia a Cristo.*

2 Corintios 10:3-5

Fíjate en lo que logran estas armas: Destruyen fortalezas, astucias, toda altivez que se levanta en contra del conocimiento de Dios, y sujetan todo pensamiento. Todo esto se refiere a tu forma de pensar. El campo de batalla está en tu mente. Satanás está peleando en nuestra contra con pensamientos, y nosotros lo atacamos a él con los pensamientos que Dios nos da.

## "LA GUERRA ESPIRITUAL"

La mayoría de la gente no enseña así "la guerra espiritual". Muchas personas dicen: "Hay unos poderes demoníacos flotando encima de la ciudad. Pueden bloquear nuestras oraciones y evitar que éstas lleguen a Dios. Como el Señor habita en algún lugar en el espacio y los poderes demoníacos están en la atmósfera, nuestras oraciones tienen que pasar en medio de éstos". Podrías pensar que esto es absurdo, pero hoy realmente es una doctrina dominante en el cuerpo de Cristo. La gente verdaderamente cree que tienes que abrir un agujero en el techo de tu casa y/o en la atmósfera de tu ciudad para que tus oraciones puedan llegar a Dios. Esto no es lo que La Palabra de Dios enseña.

La Palabra de Dios enseña que el Señor con todo Su poder y con toda su gloria habita en cada creyente. Tú no necesitas que tus oraciones atraviesen la atmósfera, o el techo, o que vayan más allá de tus narices. La razón por la que agachas tu cabeza para orar es porque así puedes ver a Dios—Él vive exactamente en tu interior.

Estos conceptos populares pero equivocados, sencillamente no consideran que el creyente del Nuevo Testamento está poseído por Dios. Dios habita en nuestro interior. Por lo tanto, no tenemos qué batallar contra principados ni contra potestades que estén impidiendo que nuestras oraciones lleguen a Dios. La manera como estos demonios pelean contra nosotros es a través de nuestros pensamientos. La guerra espiritual en la vida Cristiana está en tu mente.

De hecho en la ciudad donde vivo hay un grupo de personas que dice que cuando llegaron a la ciudad, el cielo era como de "acero"—con lo cual quieren decir que las oraciones de la gente estaban bloqueadas y no estaban penetrando. Así que a través de "la guerra espiritual" y de la "intercesión", ellos "abrieron" el cielo y mejoraron la situación. Dicen que ésa es la razón por la que su iglesia ha crecido y hemos visto grandes acontecimientos en nuestra ciudad. Dicen que ésa es la razón por la que el crimen disminuyó durante dos años seguidos. Creen que fue esa intercesión y esas oraciones lo que produjo el cambio.

Entonces, ¿qué sucedió al año siguiente cuando el crimen se incrementó y hubo más asesinatos que nunca? ¿Se volvieron a cerrar los cielos? ¿Dejaron estas personas de orar eficazmente? ¿Qué sucedió? Reconozco que hay muchas cosas que influyen en esto, y que los Cristianos sí afectan el mundo que los rodea. Sin embargo, todos los demonios que rondan encima de nuestra ciudad no son lo que hace que sucedan tantos crímenes y asesinatos.

## LA BATALLA POR LA MENTE

¿Por qué hay muchos asesinatos en algunos lugares? Por la actividad demoníaca en las mentes de la gente, no por lo que sucede en las nubes. Las gentes han perdido la batalla por su mente, y se han sometido a Satanás. Están viendo y escuchando toda clase de odio, violencia, y asesinatos en la televisión, las películas, y los juegos de video. Como nuestra sociedad por lo general ya no promueve ni apoya una buena moral, estamos permitiendo que estas cosas sucedan.

Sí, hay poderes demoníacos en el aire. Las Escrituras claramente revelan esto. Pero la manera correcta de tratar con eso es enfrentando las mentes sin renovar de la gente. Predica y enseña la verdad de La Palabra de Dios a la gente. Tú no puedes controlar los poderes demoníacos en las nubes a través de tus oraciones, y como consecuencia controlar indirectamente a otras personas y obligarlas a que no sean malas porque estás atando un poder demoníaco. Ése no es el modelo que Las Escrituras muestran. La Biblia nos enseña que la manera de hacerlo es ir y decirle a la gente la verdad. Conforme ellos creen y obedecen la verdad, son liberados y se liberan del control de estas influencias demoníacas que están a nuestro alrededor.

No hay ningún precedente—ni siquiera uno solo—en el Nuevo Testamento que justifique la "guerra espiritual" y las batallas de intercesión que se promueven hoy en día en el cuerpo de Cristo. Jesucristo nunca envió a sus discípulos a practicar la "guerra espiritual" antes de que Él llegara a un lugar. En cambio, sí los envió en algunas ocasiones para anunciar Su venida, pero esto era principalmente para avisar.

Pablo nunca llamó o exhortó a los creyentes a que hicieran "guerra espiritual" como se promueve hoy. Él es la persona a través de la cual el Espíritu Santo escribió 2 Corintios 10:3-5 y Efesios 6:11. Segunda de Corintios 10 revela que nuestras armas sirven para traer todo pensamiento cautivo a la obediencia a Cristo. Efesios 6:11 nos dice que estemos firmes contra las asechanzas del diablo. La lucha mencionada en el siguiente verso sucede en nuestros pensamientos (Ef. 6:12).

# INFLUENCIA A TRAVÉS DE LOS PENSAMIENTOS

En mi país, la moral se ha deteriorado mucho en las últimas décadas. La inmoralidad sexual que se promueve hoy era algo inimaginable hace treinta años. Una de las principales razones de este deterioro es que nuestra cultura está muy influenciada por la radio, la televisión, y las películas. A través de esos medios de comunicación, nuestra moral continuamente se ha contaminado y debilitado.

Satanás ha influenciado a personas que tienen poder y controlan los medios de comunicación. Tanto los Cristianos como los que no son Cristianos ven todas esas imágenes de impiedad. Por lo tanto, el diablo está ejerciendo influencia a través de los pensamientos que pone en nosotros. Satanás tiene que fluir a través de cosas físicas para controlar tu forma de pensar (Ro. 8:6; Pr. 23:7; Is. 26:3).

Romanos 12:2 dice:

*No os conforméis a este siglo, sino transformaos…*

¿Cómo? ¿A través de "la guerra espiritual" y de atar a los demonios? No…

*…Por medio de la renovación de vuestro entendimiento, para que comprobéis cuál sea la buena voluntad de Dios, agradable y perfecta.*

Los demonios nos influencian a través de los pensamientos. Pero no pueden dar esos pensamientos directamente. Tienen que influenciar a una persona, y luego esa persona se somete a Satanás. Él empieza a educarlos—a poner sus mentiras y engaños en su vida—para que ellos puedan ir a influenciar a otras personas. La razón por la que vemos que las formas de pensar y los valores impíos hoy predominan es que, por lo general—los medios masivos de comunicación—la televisión, la radio, y la industria cinematográfica— son controlados por personas que están influenciadas por Satanás, por personas con actitudes y pensamientos demoníacos.

De hecho leí un artículo en el que un productor de radio y televisión muy conocido admitió que una de sus metas es cambiar la moral de Los Estados Unidos de América. Él deliberadamente está usando su influencia para cambiar la ética y la moral Judeo-Cristiana de nuestra cultura. Satanás está obteniendo control y ejerciendo influencia porque está peleando por las mentes de las personas, mientras la iglesia está en el clóset de oración tratando de atar algún poder demoníaco. No hay ningún precedente en Las Escrituras de eso. Así no es como eso ha sido enfocado en la Biblia.

## "SEÑOR CONCÉDENOS DENUEDO"

El apóstol Pablo fue a lugares que eran muy demoníacos, como Corinto y Atenas. En esos lugares tenían muchos y diferentes Dioses e ídolos paganos. Él no enfrentó toda esta idolatría practicando la "guerra espiritual"—juntando a un montón de Cristianos y atando algo. En Atenas, fue al mercado y habló con esas personas que no hacían nada más que andar por ahí tratando de aprender algo nuevo. Cuando le pusieron atención, predicó el evangelio y les hablo del Dios desconocido, el Dios que no comprendían verdaderamente. Pablo declaró: "Él es, el único y verdadero Dios".

Pablo fue a Éfeso y compartió La Palabra de Dios. En esa época, Éfeso era la región de la famosa Diana de los Efesios. La leyenda dice que su imagen cayó directamente del cielo dentro del templo. Pablo enfrentó estos engaños y mentiras al decirle a la gente la verdad. Tantas personas aceptaron la verdad que la adoración de Diana de los Efesios dejó de existir. Cerraron el templo y nunca había habido un poder demoníaco que operara a través de Diana de los Efesios, hasta finales de la década de los 90's del siglo XX, cuando los "intercesores" la resucitaron y pensaron que era el poder demoníaco que controla al Islamismo.

Hace algunos años, se reunieron cerca de 20,000 "intercesores" que viajaron a Éfeso para hacer "guerra espiritual" y "atar" a esos poderes demoníacos. Ni Jesucristo, ni Pedro, ni Pablo hicieron algo así. Nunca promovieron cosas como esas. Nunca juntaron a la gente para atar los poderes demoníacos en algún área. Concentraron su esfuerzo en la predicación del evangelio y en compartir La Palabra de Dios.

Oraron como los primeros creyentes en Hechos 4.

*Señor, mira sus amenazas, y concede a tus siervos que con todo denuedo hablen tu palabra, mientras extiendes tu mano para que se hagan sanidades y señales y prodigios mediante el nombre de tu santo Hijo Jesús.*

Hechos 4:29-30

Después de eso el lugar en el que estaban fue sacudido por el poder del Espíritu Santo, y salieron a compartir el evangelio con denuedo (Hch. 4:31). La sombra de Pedro caía sobre la gente cuando caminaba por la calle, y eran sanados (Hch 5:15-16). Los milagros y las señales confirmaban la predicación de La Palabra (Hch. 5:12; Mr. 16:20). Vieron que su mundo cambió—no a través de la "guerra espiritual" y de la "intercesión", sino—a través de la predicación del Evangelio.

## QUITARLE LAS GARRAS A SATANÁS

Hoy en día algunos Cristianos dicen que tienen un llamado al "ministerio de intercesión". Éste es el objetivo principal de su vida. No hacen nada más. No comparten la verdad. No evangelizan. No hablan con la gente. No apoyan cambios sociales. Todo lo que hacen es encerrarse en su clóset para orar. No puedes encontrar algo así en Las Escrituras.

Nadie en la Biblia tuvo un ministerio que sólo fuera de oración. Ahora bien, todo creyente debe orar. Es un aspecto importante en una relación íntima con Dios. No estoy en contra de la oración, pero en realidad no existe el "ministerio de intercesión". Todos debemos orar, pero también debemos salir y hacer algo. Algunas personas están usando la "intercesión" como una excusa para eludir el compartir La Palabra.

La manera como la gente vuelve a nacer es a través de plantar la semilla de La Palabra de Dios (1 P. 1:23). Si Satanás puede engañarnos para impedir que compartamos La Palabra de Dios, esto le da una ventaja. La estrategia del enemigo consiste en ponernos en un clóset de oración, a rogarle a Dios que haga lo que Él nos pidió que hiciéramos. En vez de compartir con denuedo La Palabra y de predicar el Evangelio, tenemos miedo de decir la verdad porque podríamos ofender a alguien.

Al diablo no le importa que ores si estás metido en esta "guerra espiritual" y en esto que llaman "intercesión". Satanás mismo ha inspirado gran parte de eso. Ahí te tiene peleando contra un fantasma.

Es como si el diablo estuviera proyectando un holograma e hiciera que vieras a un enemigo que se acerca por ahí. Así que diriges a todo tu ejército para pelear contra este enemigo que ni siquiera existe. Inviertes una gran cantidad de recursos y esfuerzo peleando contra este fantasma—y eso te hace vulnerable en las áreas donde sí existe. Eso es exactamente lo que Satanás está haciendo. Él tiene al cuerpo de Cristo ocupado peleando batallas y destruyendo cosas que ni siquiera existen. Sí, Satanás existe y también su poder, pero no es la fuerza poderosa que los intercesores creen que es.

*Vuestro adversario el diablo, como león rugiente, anda alrededor buscando a quién devorar.*

1 Pedro 5:8

Satanás no tiene poder para controlar a la gente. Él solamente está usando el mismo poder y autoridad que le fueron dados a la humanidad. Por lo tanto, no puede hacerte nada sin tu consentimiento y tu cooperación. Sí, tenemos un enemigo al que le gustaría destruir a toda la humanidad, y a cada uno de nosotros individualmente. ¿Cómo tratamos con esto? ¿Vamos directamente al diablo y lo atamos? No. Tratamos con nuestros pensamientos. Satanás solamente puede influenciarnos y obtener nuestra aceptación y cooperación a través de nuestros pensamientos.

Ésa es la razón por la que Jesucristo dijo:

*Conoceréis la verdad, y la verdad os hará libres.*

Juan 8:32

El único poder que Satanás tiene son las mentiras y el engaño. Ésa es la razón por la que la verdad te hace libre. Cuando conoces la verdad, el engaño pierde su poder. Le quitas las garras. La fuerza de la iglesia está en la predicación del evangelio y en compartir La Palabra de Dios.

## LOS DEMONIOS ESTABAN PRESENTES

Necesitamos orar para que podamos percibir a Dios, someternos a Él, escuchar con claridad, y hablar con denuedo, pero no necesitamos pasar quince o veinte horas practicando la "guerra espiritual" para preparar un área geográfica antes de que lleguemos ahí. Simplemente ve y predica el evangelio. La Palabra de Dios cambiará la atmósfera. A medida que prediques la verdad, la verdad hará que los demonios huyan. Cuando Jesucristo llegaba a algún lugar, los demonios literalmente gritaban, corrían, y se salían de la gente. Ahora bien, si Jesucristo hubiera practicado la "guerra espiritual" como se enseña hoy en día, y si ésta fuera eficaz, no habría quedado ningún demonio al cual gritarle o al cual expulsar. El ya habría lidiado con ellos con la oración y todos habrían huído. Pero la verdad es que, los demonios estaban presentes.

Inclusive los demonios estuvieron presentes en la última cena. ¿De qué otra manera Satanás hubiera podido entrar en Judas Iscariote si no hubiera estado ahí presente?

**Y después del bocado, Satanás entró en él.**

Juan 13:27

Eso es lo que la Biblia dice. Jesucristo no practicó la "guerra espiritual" de la manera como se enseña hoy en día. Se le ha dado un lugar de importancia que nunca debió haber tenido. Hoy en día muchas cosas raras están sucediendo en el cuerpo de Cristo con la etiqueta de "guerra espiritual".

Si Jesucristo no pudo mantener a Satanás fuera de Su última cena con Sus discípulos, entonces tú no puedes mantener al diablo fuera de tu iglesia o de tu ciudad por medio de tu "guerra espiritual".

Si el Señor se tardara otros cien años, la gente del futuro vería las enseñanzas sobre la "guerra espiritual" y la "intercesión" de nuestros días y pensarían: "Verdaderamente ése fue uno de los errores más grandes que se difundió en el cuerpo de Cristo".

No hay un modelo en el Nuevo Testamento de esta "guerra espiritual" y de esta "intercesión". Parte de esto se está enseñando con referencia a Las Escrituras, pero están usando citas bíblicas del Antiguo Testamento—y hay una diferencia muy grande entre la manera como las cosas se hicieron en el Antiguo Testamento y la manera como se hacen en el Nuevo.

# Capítulo 24

## Un Mediador

Éxodo 32 es un pasaje del Antiguo Testamento que se cita con frecuencia cuando la gente enseña "guerra espiritual" e "intercesión". Moisés había estado en la montaña recibiendo los Diez Mandamientos. Él había estado allí ayunando cuarenta días y cuarenta noches en la presencia de Dios. Después de que hubo recibido las dos tablas en las que literalmente el dedo de Dios había escrito:

> *Jehová dijo a Moisés: anda, desciende, porque tu pueblo que sacaste de la tierra de Egipto se ha corrompido.*
>
> Éxodo 32:7

Es interesante ver cómo el Señor le dijo a Faraón: "Deja ir a *mi* pueblo". Sin embargo ya que salieron y empezaron a adorar al becerro de oro, Él le dijo a moisés: "Ésta es *tu* gente". Cuando un niño hace algo bueno y gana un premio, los padres dicen: "Éste es mi hijo". Pero cuando hace algo tonto, dicen: "Mira lo que hizo tu hijo". Dios dijo: "Tu gente". Estaba dispuesto a abandonarlos y a permitir que se fueran. Dios estaba molesto porque se habían corrompido.

*Pronto se han apartado del camino que yo les mandé; se han hecho un becerro de fundición, y lo han adorado, y le han ofrecido sacrificios, y han dicho: Israel, estos son tus Dioses, que te sacaron de la tierra de Egipto. Dijo más Jehová a Moisés: Yo he visto a este pueblo, que por cierto es pueblo de dura cerviz. Ahora, pues, déjame que se encienda mi ira en ellos, y los consuma; y de ti yo haré una nación grande.*

Éxodo 32: 8-10

## INFLUENCIA CON DIOS

Dios estaba enojado con esta gente. Él los iba a destruir e iba a empezar de nuevo con Moisés, haciendo una nación completamente nueva que procediera de él. Fíjate cómo dijo esto:

*Ahora pues, déjame que se encienda mi ira en ellos, y los consuma.*

Éxodo 32:10

El Señor estaba diciendo: "Moisés, no trates de detenerme. No trates de convencerme de que no lo haga. No ruegues por mi misericordia porque quiero desahogar mi ira para destruir a esta gente". Al expresarlo de esta manera, Dios quiso decir: "Moisés, tienes tanta influencia y poder sobre Mí que si me ruegas, evitarás que desahogue mi ira sobre esta gente".

Es increíble que Dios todo poderoso pueda ser influenciado por algún ser humano; pero no es porque los seres humanos tengamos más poder o autoridad, es porque Su amor por nosotros es muy grande. Moisés no era perfecto. Él había matado a un hombre pensando que estaba haciendo la voluntad de Dios. Él había fallado. Sin embargo, Dios nos ama tanto que cuando encuentra a alguien que lo ama, Él respeta a esa persona. Al actuar así, eso le da a ese ser humano poder y autoridad en Su vida. ¡Eso es maravilloso!

*Entonces Moisés oró en presencia de Jehová Su Dios, y dijo: "Oh Jehová, ¿por qué se encenderá tu furor contra tu pueblo, que tú sacaste de la tierra de Egipto con gran poder y con mano fuerte?*

Éxodo 32:11

## "SON TU GENTE"

Moisés le devolvió la pelota a Dios, diciendo: "Señor, ésta es tu gente. No son mi gente. Acuérdate, Tú eres el que los redimió. Ellos son tu pueblo".

*¿Por qué han de hablar los egipcios, diciendo: Para mal los sacó, para matarlos en los montes, y para raerlos de sobre la faz de la tierra? Vuélvete del ardor de tu ira, y arrepiéntete de este mal contra tu pueblo. Acuérdate de Abraham, de Isaac y de Israel tus siervos, a los cuales has jurado por ti mismo, y les has dicho: Yo multiplicaré vuestra descendencia como las estrellas del cielo; y daré a vuestra descendencia toda esta tierra de que he hablado, y la tomarán por heredad para siempre.*

Éxodo 32: 12,13

Moisés estaba razonando con Dios, diciendo: "Señor, los Egipcios van a escuchar sobre esto. Van a decir que eres muy débil para introducir a esta gente a la tierra prometida". Después Moisés tuvo las agallas de decir:

*Vuélvete del ardor de tu ira, y arrepiéntete de este mal contra tu pueblo.*

Éxodo 32:12

Es increíble que un hombre le diga a Dios que se arrepienta. Sin embargo, lo que es más increíble es que:

*Jehová se arrepintió del mal que dijo que había de hacer a su pueblo.*

Éxodo 32:14

## UN EJEMPLO CLÁSICO

Éste es un ejemplo clásico de intercesión en el Antiguo Testamento. Moisés se enfrentó a Dios; le dijo que se volviera del ardor de Su ira, y Él lo hizo. Moisés se puso en medio de la gente que estaba a punto de ser destruida y le rogó a un Dios enojado que se arrepintiera.

La gente toma este ejemplo y lo usa para enseñar "guerra espiritual" e "intercesión". Piensan que así es como debemos orar a Dios hoy en día. Dicen: "Señor. No destruyas nuestro país. Ten misericordia de nuestra ciudad. ¡Arrepiéntete, y vuélvete del ardor de tu ira!" Era correcto que Moisés orara así porque Cristo todavía no había venido ni había sufrido el castigo por nuestro pecado. Sin embargo, bajo el Nuevo Pacto todo ha cambiado. Jesucristo se convirtió en nuestro intercesor para dar fin a toda esa clase de intercesión.

*Porque hay un solo Dios, y un solo mediador entre Dios y los hombres, Jesucristo hombre.*

Timoteo 2:5

En el Nuevo Testamento, Jesucristo se convirtió en el mediador que se colocó entre nosotros y Dios.

## EL ANTICRISTO

Dios era santo, y el hombre no lo era. Merecíamos la ira de Dios. Era necesario que hubiera intermediarios entre Dios y el hombre. Así que antes de que Jesucristo viniera, Moisés era un mediador. Con respecto a Moisés, Gálatas 3 dice que la ley del Antiguo Testamento…

*Fue ordenada por medio de ángeles en mano de un mediador.*
Gálatas 3:19

Moisés se colocó como mediador entre Dios y el hombre. Un mediador es alguien que se coloca y trata de hacer la paz entre dos partes contrarias que tienen conflicto entre sí y trata de restaurar la armonía y los ayuda a llegar a un acuerdo. Dios estaba rechazando al hombre por su pecado, así que en el Antiguo Pacto, Moisés actuó como mediador, y dijo: "Dios, arrepiéntete. Vuélvete del ardor de tu ira", y Dios lo hizo. Sin embargo, si Moisés orara de esa manera hoy—después del sacrificio de Cristo en la cruz—sería el anticristo.

*Anticristo* significa "alguien que se pone en contra o en lugar de Cristo". Si hoy Moisés le rogara a Dios que se volviera de Su ira, estaría actuando en contra de la mediación de Jesucristo. Si pensara, "Lo que Jesucristo hizo no es suficiente. Necesito agregarle algo", estaría tratando de tomar el lugar de Jesucristo. Era correcto que Moisés orara de la manera que lo hizo bajo el Viejo Pacto porque Jesucristo todavía no había venido. Pero ahora que Jesucristo ya vino y que estamos bajo el Nuevo Pacto, hay un solo mediador entre Dios y el hombre—el Señor Jesucristo (1 Ti. 2:5).

Por eso hoy está mal que tú "intercedas", rogando y suplicándole a Dios por Su misericordia. La clemencia de Dios ya ha sido derramada sobre nosotros a través del Señor Jesucristo. Él ya no está enojado con nosotros por nuestro pecado.

Para un estudio más profundo de este tema, te recomiendo mi libro titulado *"La Guerra Ya Terminó"*. El Nuevo Testamento es claro. Jesucristo llevó la ira de Dios por nuestro pecado. Por eso Dios ya no está enojado contigo—¡ni siquiera está de mal humor!

## UNA DIFERENCIA MUY GRANDE

Sé que las verdades que estoy compartiendo van en contra de las ideas populares; sin embargo, te invito a que estudies La Palabra de Dios y a que lo veas por ti mismo. Muchas personas piensan que Dios está enojado con algún país y que está a punto de someter a juicio a alguna ciudad en particular. Así que oran así: "Señor, ten misericordia y no destruyas la ciudad". Si estás orando de esa manera, estás tratando de tomar el lugar del Señor Jesucristo. Jesucristo ya satisfizo la ira de Dios y confirmó Su misericordia para estas personas y estos lugares.

Como la ira de Dios hacia el pecado ha sido apaciguada a través del sacrificio de Cristo, ¿quiere esto decir que no tenemos ningún problema? ¡Por supuesto que no quiere decir eso! A través del pecado y de la incredulidad, estamos en el proceso de destruirnos a nosotros mismos. Le hemos abierto puertas al diablo, y él se está aprovechando de eso. Es completamente correcto orar así: "Padre, te damos gracias que Jesucristo ya aseguró Tu misericordia y Tu gracia a favor nuestro. Gracias que Tú no te has propuesto destruir nuestra ciudad y nuestro país. Sin embargo, le estamos dando oportunidades al diablo. Estamos a punto de destruirnos a nosotros mismos. Así que Padre, por favor danos sabiduría y denuedo para compartir Tu Palabra y mostrarle Tu poder a otros".

Ésa es la razón por la que tengo programas en la radio, en la televisión, y en la internet. Por eso estoy produciendo tantos libros, cintas de audio, y CDs. No estoy orando solamente y pidiéndole a Dios: "Dios mío, haz algo. Cambia las cosas en estos lugares y ten misericordia de nosotros". Dios ya tuvo misericordia de nosotros. Sólo que no sabemos lo que Él ha hecho. Nos han mentido. La mayoría de la gente se deja influenciar más por la televisión, los noticieros, y las películas que por La Palabra de Dios. No conocen la verdad, así que estoy usando todos los medios a mi alcance para cruzarme en el camino de la gente y para compartir La Palabra con ellos. Estas verdades están cambiando la vida de las personas y están facilitando el avivamiento. El avivamiento viene a través de la gente conforme se predica el Evangelio, se enseña La Palabra, y el Espíritu Santo la confirma.

Hay una diferencia muy grande entre el Antiguo y el Nuevo Pacto. En el Antiguo Testamento, las personas como Moisés le rogaron a Dios, diciendo: "Señor, vuélvete del ardor de Tu ira". En cambio, en el Nuevo Testamento, sólo hay un mediador entre Dios y el hombre; el hombre Jesucristo. Él para siempre ha satisfecho los requisitos de la ira de Dios. Si no buscamos a Dios habrá una multitud de problemas. Pero eso es porque nos estamos sometiendo a Satanás, y él va a robar, matar, y destruir al que pueda, cuando pueda y donde pueda (Jn. 10:10). Sí, nuestras ciudades deben cambiar. Sí, nuestros países deben arrepentirse y acercarse a Dios. Pero no para evitar ser juzgados. Como Dios ya ha puesto sobre Su Hijo el juicio que nuestros pecados merecían, nosotros no tenemos que ser juzgados.

## ¿DISCULPARSE CON QUIÉN?

Yo no comprendía estas verdades al inicio de mi ministerio. Así que me gustaba decir: "Si Dios no juzga a nuestro país, se va a tener que disculpar con Sodoma y Gomorra". Desde mi punto de vista, los Estados Unidos de América merecían ser juzgados por nuestro pecado tanto o más que estas dos ciudades del Antiguo Testamento que fueron destruidas con fuego. Sin embargo, desde entonces Dios me ha dado una revelación de Él y de Su Palabra de tal manera que ahora digo: "Si Dios juzgara a nuestro país, se tendría que disculpar con Jesús". ¿Por qué? Porque Cristo llevó nuestro castigo, juicio, y separación para que nosotros no tuviéramos que hacerlo. Dios ya puso Su ira sobre Su propio Hijo en la cruz, así que Él no está a punto de juzgarnos.

Mi país está en peligro de ser destruido—no por el juicio de Dios, sino—por las incursiones de Satanás. Cuando tú te sometes al diablo a través del pecado, te conviertes en su siervo sin defensa. Él viene sólo con el propósito de robar, matar y destruir (Jn. 10:10). Es tonto someterse a Satanás. Necesitamos someternos a Dios.

## "¿PERDONARÁS LA CIUDAD?"

Veamos con más detalle el ejemplo en el que Dios juzgó a estas ciudades. En primer lugar el Señor se le apareció a Abraham, y le dijo que iba a enviar a dos ángeles a Sodoma y a Gomorra para ver lo que estaban haciendo sus habitantes. Dios quería ver si eran tan malos como había escuchado porque había planeado juzgarlos. En cuanto Abraham escuchó esto, él…

*Se acercó, y dijo: ¿Destruirás también al justo con el impío? Quizá haya cincuenta justos dentro de la ciudad: ¿destruirás también y no perdonarás al lugar por amor a los cincuenta justos que están dentro de él? Lejos de ti el hacer tal, que hagas morir al justo con el impío, y que sea el justo tratado como el impío; nunca tal hagas. El juez de toda la tierra, ¿no ha de hacer lo que es justo? Entonces respondió Jehová: Si hallare en Sodoma cincuenta justos dentro de la ciudad, perdonaré a todo este lugar por amor de ellos.*

Génesis 18:23-26

Aquí Abraham estaba suplicándole a Dios diciendo: "¡No vas a destruir a la gente justa que vive en la ciudad!, ¿o sí? Así no actuaría un Dios justo. Si hay cincuenta justos allí, ¿perdonarás la ciudad?"

Y Dios contestó: "Si hay cincuenta justos, perdonaré la ciudad".

Luego Abraham dijo: "¿Qué tal si hay cuarenta y cinco justos? ¿Perdonarás la ciudad?"

"Si hay cuarenta y cinco, perdonaré la ciudad".

Abraham regateó con Dios hasta llegar a diez. Si hubiera diez justos, Dios perdonaría la ciudad. Abraham pudo haber regateado hasta llegar a una persona justa, y ésa habría sido Lot (2 P. 2:7-8). Había una persona justa en la ciudad, y Dios habría perdonado la ciudad si Abraham hubiera regateado hasta llegar a una persona justa.

Inclusive sin tomar en cuenta la expiación de Jesucristo en un ejemplo como este y olvidándonos del Nuevo Pacto—algo que la mayoría de los Cristianos de todas maneras se inclina a hacer—este pasaje nos muestra que Dios no destruirá una ciudad o un país si hay gente justa en ese lugar. No importa cuál sea tu país, tiene cosas que son totalmente contrarias al reino de Dios. Ningún país está operando totalmente como Dios quiere. Sin embargo, a pesar de todo esto, ahora mismo hay gente justa en cada país del mundo. Tan sólo eso es suficiente para destruir gran parte de la enseñanza que anda flotando por ahí en el cuerpo de Cristo que dice: "Dios va a juzgar este país".

## LA REALIDAD DEL NUEVO TESTAMENTO

Tan sólo en América hay cientos de miles de justos—vueltos a nacer—gente que ama a Dios y que lo está buscando. A lo mejor todavía no estamos dominando todas las áreas de la sociedad, pero aquí estamos. Por lo tanto, Dios no nos destruirá.

Sin embargo, también necesitamos tomar en cuenta la verdad de 1 Timoteo 2:5. Jesucristo es ahora el único mediador entre Dios y el hombre. Él satisfizo para siempre la ira de Dios. A la luz de estas verdades, todo este modelo de intercesión del Antiguo Testamento—rogar a Dios que no derrame Su ira y suplicar por Su misericordia—no encaja con la realidad del Nuevo Testamento.

La mayor parte de la enseñanza de la "guerra espiritual" y de la "intercesión" que la gente promueve se basa en el Antiguo Pacto. Toman citas bíblicas del Antiguo Testamento y las enseñan como si Jesucristo nunca hubiera venido. Esencialmente, están diciendo: "Sé un mediador. Colócate entre Dios y el hombre. Ruégale que se arrepienta de Su ira y que no juzgue a este país". Bueno, la verdad es que Jesucristo ya hizo todas esas cosas. Él es el *único* mediador del Nuevo Testamento.

Si estás tratando de orar como Abraham oró en Génesis 18, estás en contra de lo que Jesucristo ya hizo. Si estás orando como Moisés oró en Éxodo 32, entonces estás tratando de tomar el lugar de Cristo. Estás actuando como si Jesús no hubiera venido y Su expiación no fuera suficiente. Tú crees que Su intercesión no fue suficiente, y que tienes que añadirle algo. Eso es ser anticristo.

## Capítulo 25

# La Batalla Está en Tu Mente

Con relación a la autoridad del creyente, debemos reconocer que Dios ya lidió con Satanás. Como Jesucristo sufrió la ira de Dios en la cruz, hoy Dios no está desatando Su ira sobre nosotros. Nuestra tarea es mantenernos en la fe y hacer cumplir lo que el Señor ya hizo a través de Su muerte, entierro, y resurrección. Esto lo hacemos al decirle a la gente la verdad.

La batalla está en tu mente. Satanás no está controlando a la gente a través de algún poder demoníaco. Él los está controlando a través de mentiras y engaños. Al decirles la verdad, las mentiras son descubiertas y la gente es liberada. Gran parte de la enseñanza sobre la "guerra espiritual" y la "intercesión" niega el ministerio del Señor Jesucristo. Eso no es sabiduría.

Jesucristo es el intercesor del Nuevo Testamento que puso fin a toda la intercesión del Antiguo Pacto. Ahora no hay necesidad de rogar por misericordia o decirle a Dios que cambie de opinión. Un creyente del Nuevo Testamento alaba a Dios por lo que Él ya hizo, y se ofrece a sí mismo como instrumento para que el Señor fluya a través de él.

Sin embargo, el verdadero enfoque debe estar en lo que pensamos. Tú no puedes orar por alguien y simplemente esperar a que Dios lo toque sin la intervención de un ser humano. Dios fluye a través de la gente. Él nos usa. Así que debemos predicar el Evangelio.

> *¿Cómo, pues, invocarán a aquel en el cual no han creído? ¿Y cómo creerán en aquel de quien no han oído? ¿Y cómo oirán sin haber quién les predique? Así que la fe viene por el oír, y el oír, por la palabra de Dios.*
> Romanos 10:14,15,17

Tú no puedes, por medio solamente de la oración, lograr que una persona reciba salvación, sanidad, o cualquier otra cosa. Debes declarar La Palabra de Dios. La fe para la salvación, la sanidad, y todo lo demás viene a través de escuchar La Palabra de Dios.

## "DETÉN LA PLAGA"

Números 16 es otro ejemplo del Antiguo Testamento que con frecuencia se usa para enseñar sobre la "guerra espiritual" y la "intercesión". Los que promueven esas enseñanzas dicen: "Debes hacer vallado, rogándole y suplicándole a Dios para que tus seres queridos sean salvos, sanados, o lo que sea". Este pasaje de Las Escrituras se desarrolla inmediatamente después de que Coré, Datán, y Abiram se rebelaron en contra de Moisés. La tierra se abrió y se tragó a estos tres hombres y a todas sus posesiones (Nm. 26:10-11). Por supuesto que la gente gritó y huyó aterrorizada.

> *El día siguiente, toda la congregación de los hijos de Israel murmuró contra Moisés y contra Aarón, diciendo: Vosotros habéis dado muerte al pueblo de Jehová. Y aconteció que cuando se juntó la congregación contra Moisés y Aarón, miraron hacia el tabernáculo de reunión, y he aquí la nube lo había cubierto, y apareció la gloria de Jehová. Y vinieron Moisés y Aarón delante del tabernáculo de reunión. Y Jehová habló a Moisés diciendo: Apartaos de en medio*

*de esta congregación, y los consumiré en un momento. Y ellos se postraron sobre sus rostros.*

Números 16:41-45

Dios estaba molesto porque la gente se había puesto en contra de Moisés y de Aarón.

*Dijo Moisés a Aarón: Toma el incensario, y pon en él fuego del altar, y sobre él pon incienso, y ve pronto a la congregación; y he aquí que la mortandad había comenzado en el pueblo; y él puso incienso, e hizo expiación por el pueblo, y se puso entre los muertos y los vivos; y cesó la mortandad. Y los que murieron en aquella mortandad fueron catorce mil setecientos, sin los muertos por la rebelión de Coré.*

Números 16:46-49

Éste es otro ejemplo de cómo Dios se enojó con los hijos de Israel. Moisés se dio cuenta del enojo, y le dijo a Aarón que tomara un incensario y que pusiera carbones del altar en él (símbolo de la oración). Él tomó este incensario—la oración—y se puso—intercedió—entre los que ya habían muerto a causa de la plaga y los que no habían muerto. Cuando la plaga llegó a donde él estaba—las oraciones y la intercesión—se detuvo. Sin embargo, 14,700 personas murieron antes que Aarón llegara con este incensario para detener la plaga.

Literalmente he escuchado a algunas personas enseñar sobre la intercesión y decir: "Así es esto. Dios es santo y el hombre no lo es. Él está tan enojado con la gente que está a punto de destruirlos. Dios está mandando huracanes, tornados, tsunamis, sida, y toda clase de tragedias. La ira de Dios ya se desató—y nosotros como intercesores debemos orar y hacer vallado entre Dios y estas personas que merecen Su ira. Necesitamos rogar por misericordia, tranquilizar a Dios, y rogarle que se vuelva a sentar en su trono para que no destruya a la raza humana". Hay quienes predican cosas así de absurdas.

## UNA OBRA MUCHO MEJOR

Jesucristo es ahora el único medidor entre Dios y el hombre (1 Tim 2:5). No hay otro mediador, y ninguna otra intervención es necesaria. Cuando Jesucristo murió, satisfizo para siempre la ira de Dios. El Señor no se propone destruir esta nación, ni ninguna otra. No estoy diciendo que no lo merezcamos; lo que digo es que Dios puso el castigo de nuestra rebelión y de nuestros pecados en Jesucristo. Dios no nos está dando lo que merecemos: no es Dios el que está a punto de destruir esta nación o ciudad.

A lo mejor personalmente sientes que te mereces la ira de Dios. Tú no dudas que Dios existe. Pero no crees que Él haría cualquier cosa por ti, porque sabes que no estás viviendo la vida como deberías. Dios te está hablando en este preciso momento, y te está diciendo: "Jesucristo ya llevó tu castigo. Él ya sufrió tu dolor. Yo no soy el que trae tragedia a tu vida". A lo mejor estás pensando: "Pero tengo toda clase de problemas. Seguramente, Dios me está juzgando". No, tú te estás sometiendo a Satanás, y él viene a robar, matar, y destruir (Jn. 10:10). De acuerdo, tu vida es un desastre— pero no porque la ira de Dios esté sobre ti ni porque Dios te esté juzgando.

Dios puso Su ira por tus pecados sobre Jesucristo, y todo lo que debes hacer es llenarte de humildad y recibir el perdón que te ofrece como un regalo. No tienes que rogarle y suplicarle a Dios que te salve. Él ya lo hizo. Él ya trató con tu pecado a través del sacrificio expiatorio de Su Hijo.

No necesitas rogar y pedir, ni como individuo, ni como miembro de una comunidad (por una ciudad o por un país). La ira de Dios ya fue satisfecha. Si estás tratando de decirle a Dios que se retracte y tenga misericordia, entonces estás tratando de mejorar la obra que el Señor Jesucristo ya hizo. Te aseguro que Jesucristo hizo una obra mucho mejor que la que tú podrías hacer alguna vez.

## UNA PRUEBA PODEROSA

Tú no tienes qué rogarle a Dios que se acerque a nosotros. Él ya se acercó porque nos ama. Este país está en el proceso de ser destruido por nuestra propia maldad y porque la nación se está sometiendo a Satanás. Sin embargo, Dios quiere redimir este país y quiere ver que regresamos a Él de todo corazón. Él necesita que los Cristianos se salgan del clóset de oración y que dejen de rogarle por lo que Jesucristo ya proveyó. Necesita que los creyentes actúen con fe y que empiecen a llevarle estas buenas nuevas a otros. "Dios no está enojado, ni siquiera está de mal humor. Dios no está molesto. Él te ama y quiere que seas libre". Dile a la gente la verdad porque es la verdad la que los hará libres (Jn. 8:32).

No depende de Dios que los incrédulos se salven o no. Dios ya hizo la expiación y pagó por sus pecados. Él está ofreciendo perdón y vida abundante; pero ellos no lo quieren recibir. Él envió al Espíritu Santo para tratar con la gente y para hacerles ver sus pecados, pero ellos no lo quieren recibir. Una de las principales razones por las que la gente no está tomando las decisiones correctas, es porque no están escuchando las buenas nuevas del Evangelio. El diablo les está diciendo mentiras. Aunque Satanás es el que lo inspira, la gente es la que dice: "Todo es relativo. La inmoralidad sexual no está mal. Hay muchos caminos para llegar al cielo", y cosas por el estilo. A través de estas mentiras, la gente ha descuidado sus defensas y ha dejado de resistir al diablo. Han aceptado el pecado, y como le han dado la bienvenida a Satanás en sus vidas, él ha cegado sus corazones para que no vean la luz de Cristo (2 Co. 4:4); sin embargo la solución no es practicar la "guerra espiritual", atar los demonios, y rogarle a Dios. La solución es que actuemos, prediquemos el evangelio, y que le digamos a la gente la verdad.

Dios siempre respalda Su verdad con poder (Mr. 16:20). Necesitamos creer La Palabra y confiar que el Espíritu Santo la confirmará. Jesucristo tuvo que hacer milagros para comprobar lo que estaba diciendo. Le dijo a los judíos religiosos que si no podían creer en sus palabras, entonces que creyeran en sus milagros (Jn. 10:38). Si Jesucristo necesitó pruebas de que fue enviado por parte de Dios y de que declaraba la verdad, entonces nosotros también las necesitamos. Necesitamos empezar a compartir La Palabra de Dios y a demostrar Su poder sobrenatural. Entonces la gente regresará al Señor.

## COMPARTE LA VERDAD

En una reunión evangelista en Birmingham, conocí a una mujer que había estado en el hospital. Me había oído decir estas cosas en la televisión cuando estuvo encamada. Los doctores le habían dicho que iba a morir. Apenas un año antes, su mamá había fallecido a causa de lo mismo—cáncer. Esta mujer no sólo estaba enferma en su cuerpo, sino también en su corazón y en su mente. Estaba desesperanzada y temerosa porque había visto la muerte de otras personas, y los doctores le habían dicho que no había nada que pudieran hacer. Cuando estaba encamada en ese hospital, vio que yo iba a ir a Birmingham. Así que se arrancó los tubos, se dio de alta del hospital, y vino para recibir oración.

Oré con ella y fue sanada instantáneamente. Todo el dolor y los síntomas de cáncer se fueron. Al final de la reunión, invité a la gente para que volvieran a nacer. Como nunca había recibido al Señor, ella vino al frente y fue vuelta a nacer. Fue sanada, liberada de cáncer, vuelta a nacer, bautizada en el Espíritu Santo, y habló en lenguas, todo en una noche. Rentó un cuarto en el hotel y se quedó tres días para asistir a las reuniones y edificar su fe. Todo esto sucedió porque escuchó la verdad y vio la demostración del poder de Dios.

Hoy en día algunas de las doctrinas más estimadas en el cuerpo de Cristo han sido establecidas por el diablo (1 Ti. 4:1). Estas mentiras nos han hecho ineficaces. Esta mujer de Birmingham no fue sanada porque alguien intercedió por ella en algún clóset. Ella escuchó a un creyente declarar la verdad y dar testimonios de lo que Dios ha hecho. El Espíritu Santo usó estas cosas para vivificar su fe. Una mujer—que ni siquiera había sido vuelta a nacer—se sacó las agujas del cuerpo, salió del hospital, y vino al lugar donde los creyentes se estaban reuniendo.

La fe viene por el oír, y el oír por La Palabra de Dios (Ro. 10:17). Cuando la verdad llega a la gente, ésta empieza a destruir las mentiras, los engaños, y las fortalezas del diablo. La fe no puede surgir en el corazón de alguien a menos que compartas la verdad con esa persona.

Dios le dijo a Jeremías:

*He aquí yo pongo mis palabras en tu boca por fuego, y a este pueblo por leña, y los consumirá…¿No es mi palabra como fuego, dice Jehová, y como martillo que quebranta la piedra?*
Jeremías 5:14; 23:29

Ésta es la razón por la que debemos declarar La Palabra. De una manera u otra, nos hemos alejado de esto. Nos hemos desviado y distraído, invirtiendo mucha de nuestra energía rogándole a Dios que haga lo que Él ya hizo. Eso es ineficaz. Hemos estado en el clóset de oración atando a Satanás y ordenándole que suelte a la gente, pensando que si oramos lo suficiente la gente será vuelta a nacer. Eso no es verdad. La Palabra dice que la gente debe ser vuelta a nacer por la semilla incorruptible de La Palabra de Dios (1 P. 1:23).

## Capítulo 26

## ¡Pelea Para Ganar!

Personalmente he recibido muchos beneficios al comprender la autoridad del creyente. Me he dado cuenta de que Satanás no tiene poder para obligarme a hacer nada. La afirmación: "El diablo me obligó a hacerlo" está totalmente equivocada. Satanás no puede obligarte a hacer nada. Todo lo que puede hacer es engañarte. Luego, si crees en su mentira, le das poder para que haga su voluntad. Pero él no puede hacer nada sin tu consentimiento y cooperación. Ésta es la razón por la que la batalla no es directamente en contra de los poderes demoníacos. Satanás ha sido destituido. Su único poder es el engaño.

Así es como atacó a Eva y Adán. Satanás no vino en la forma de algún animal feroz como un tigre, un oso, o un mamut. Él escogió al animal más sutil, astuto, y tramposo y los atacó con palabras—engaño. Satanás escogió a la serpiente porque sabía que no tenía poder para obligar a Eva a hacer nada. Él usó palabras para engañarla.

Si Eva hubiera analizado esas palabras y hubiera evitado que esos pensamientos impíos la influenciaran, no habría sido tentada. Si ella se hubiera negado a escuchar o pensar en algo contrario a lo que Dios había dicho, ella no habría cometido ese pecado ni habría hundido a toda la raza humana en un estado de subordinación a la autoridad y el dominio del diablo. Todo esto sucedió a través de palabras; y todavía está sucediendo hoy en día. Satanás está peleando contra nosotros con palabras y pensamientos.

## ESCOGE SABIAMENTE

La batalla se localiza exactamente entre tus orejas. No está por ahí en los lugares celestiales. Está en tu cabeza. Cada palabra que escuchas desata vida o muerte. Las palabras que están basadas en, y de acuerdo con, La Palabra de Dios, desatan vida. Las palabras que no están de acuerdo con lo que Dios dice, ministran muerte.

*La muerte y la vida están en el poder de la lengua.*

Proverbios 18:21

Es vida o muerte, una o la otra. ¿Qué estás escuchando? ¿Qué estás diciendo?

*Mas yo os digo que de toda palabra ociosa que hablen los hombres, de ella darán cuenta en el día del juicio. Porque por tus palabras serás justificado, y por tus palabras serás condenado.*

Mateo 12:36,37

Cada palabra que hablas y cada palabra que escuchas está produciendo o vida o muerte. Todo lo que escuchas en el radio, la televisión, o en las películas está ministrando vida o muerte. Si no vives de acuerdo con estas verdades de La Palabra de Dios, estás engañado.

*No se dejen engañar: "Las malas compañías corrompen las buenas costumbres".*

1 Corintios 15:33 NVI

No estoy sugiriendo que te vayas a vivir a un monasterio y hagas un voto de silencio. Te estoy invitando a que reconozcas la vida y la muerte, y a que ejerzas más dominio propio en lo que escoges. Todas las televisiones y los radios que he visto tienen un botón para apagarlos y para prenderlos; y también tienen muchas estaciones y canales entre los que puedes escoger. No tienes que sentarte pasivamente y aceptar lo primero que te ofrecen. Escoge sabiamente.

Yo tengo que tratar con esto como todo el mundo. Ha habido ocasiones en que no tenía nada qué hacer. Quería descansar y relajarme un poco, así que prendí la televisión. Cambiaba de canales y no había nada interesante—lo cual no debe asombrarnos—, pero de todas maneras terminé viendo algo sólo por ver, sin darme cuenta que eso me estaba llenando de basura.

Tienes que reconocer que Satanás te está atacando con palabras negativas. No puedes cambiar el hecho de que cada palabra que escuchas está desatando vida o muerte, pero puedes escoger si la escucharás o no. No tienes que aceptarla y creerla. Puedes ponerte en situaciones en las que continuamente estés escuchando palabras que ministran vida; pero depende de ti.

## RENUEVA TU MENTE

*Gracia y paz os sean multiplicadas, en el conocimiento de Dios y de nuestro Señor Jesús.*

2 Pedro 1:2

Es a través del conocimiento de Dios que la gracia y la paz nos son multiplicadas. Satanás sabe esto, y por eso nos ataca en nuestra mente.

*No os conforméis a este siglo, sino transformaos por medio de la renovación de vuestro entendimiento.*

Romanos 12:2

Metamorphoo es la palabra del Griego que se tradujo al Inglés como *"transformed"*; es la misma palabra griega de la que obtenemos la palabra inglesa *"metamorphosis"*[1]. Si quieres transformarte de algo despreciable, rastrero y terrenal en algo que es hermoso y que puede volar, entonces necesitas renovar tu mente.

Muchas personas están tratando de tomar un atajo. Mantienen su mente en el basurero, escuchan toda clase de cosas del mundo. Permiten que toda la inmundicia de este mundo fluya a través de ellos, pero quieren los resultados que Dios produce. Piensan: "Si oro y pido, puedo recibir". No. No basta con orar y creer. También debes cooperar con las leyes espirituales de Dios. Dios opera a través de nosotros, cuando mantenemos nuestro corazón y nuestra mente enfocados en Él. Por eso, Satanás estorba a Dios a través de nuestros pensamientos.

## LA MENTE PUESTA EN LA PALABRA.

*La mente puesta en la carne es muerte, pero la mente puesta en el Espíritu es vida y paz.*

Romanos 8:6 LBLA

Si quieres experimentar vida y paz, entonces tienes que tener una mentalidad espiritual. Jesucristo dijo:

*Las palabras que yo os he hablado son espíritu y son vida.*

Juan 6:63

---

[1] En Español: "metamorfosis (del lat. metamorpho‾sis, del gr. metamórpho‾sis), transformación." N.T.

Tener una mentalidad espiritual es poner la mente en La Palabra; es pensar en lo que Dios dice sobre tu situación en vez de lo que el mundo dice. Si tienes la mente puesta en La Palabra, tendrás vida y paz. La gracia y la paz te serán multiplicadas conforme pienses continuamente en el conocimiento de Dios. No puedes pensar con negativismo—adoptando la mentalidad del mundo—y luego experimentar la vida, la gracia, y la paz de Dios. Así no funciona.

Sólo escucho el resumen noticioso en la radio. Casi no veo televisión. Pienso que si sucede algo que sea muy importante, lo anunciarán en el resumen noticioso. Creo que puedo controlar tres minutos de las cosas negativas que suceden en el mundo. Pero inclusive en esos tres minutitos, gran parte de lo que dicen está basado en el temor, la duda, y la incredulidad. Si te tragas todo eso, entrarás en conflicto. En cambio, si escuchas La Palabra de Dios y actúas conforme a ella, tendrás vida, gracia, y paz.

Gracias a La Palabra de Dios, sé que estoy protegido.

*Ninguna arma forjada contra ti prosperará, y condenarás toda lengua que se levante contra ti en juicio. Esta es la herencia de los siervos de Jehová, y su salvación de mí vendrá, dijo Jehová.*

Isaías 54:17

Date cuenta de que no estás protegido automáticamente. Este verso dice que tienes que condenar las palabras que vienen en tu contra. Si te sientas pasivamente y permites que esas cosas impías se hablen, entonces te impactarán (1 Co. 15:33). Pero si escuchas algo que contradice La Palabra de Dios, y lo condenas—reconoces que está mal y lo rechazas con la verdad de La Palabra de Dios— entonces ese algo pierde su poder.

Mi esposa es testigo de que en muchas ocasiones le respondo a la televisión y al radio. Si estamos escuchando las noticias, y dicen: "Es la temporada de catarros"; yo declaro: "¡No hay temporada en la que La Palabra de Dios no funcione. Por Sus llagas he sido sanado. No me voy a resfriar!" Esto es lo que quiere decir condenar las palabras que vienen en nuestra contra. Aunque mucha gente a mi alrededor se contagie, estaré sano y salvo.

> *Caerán a tu lado mil, y diez mil a tu diestra; mas a ti no llegará. Ciertamente con tus ojos mirarás y verás la recompensa de los impíos.*
>
> Salmo 91:7,8

Además de la protección, La Palabra de Dios promete prosperidad, sanidad, y liberación. Si mantienes tu mente fija en Él, estas cosas funcionarán para ti. Acuérdate cómo Dios protegió, prosperó, sanó, y liberó a otras personas en La Palabra. Deja que esos pensamientos te dominen, y tendrás paz. Pero, si permites que tu mente piense en lo que el mundo está pensando—en miedo, duda, e incredulidad—entonces tendrás todas estas cosas. Así de simple.

## EL ANTÍDOTO PARA CUALQUIER PROBLEMA

La gracia y la paz vienen por medio de lo que piensas. Piensa correctamente, y tendrás gracia, gozo, vida y paz. No vienen a través de la oración, sino a través del conocimiento de Dios.

> *Como todas las cosas que pertenecen a la vida y a la piedad nos han sido dadas por su divino poder, mediante el conocimiento de aquel que nos llamó por su gloria y excelencia.*
>
> 2 Pedro 1:3

Todas las cosas que pertenecen a la vida y a la piedad vienen mediante el conocimiento de Dios. No son "algunas cosas" o "pocas cosas", sino "**todas las cosas**". Esto significa que si tu cuerpo está enfermo, tienes un problema de conocimiento. Si eres pobre, tienes un problema de conocimiento. Si estás deprimido, tienes un problema de conocimiento. El antídoto para cualquier problema es el conocimiento de Dios.

La mayoría de la gente no cree eso. Piensan que si tienes un problema emocional, debes tomarte una pastilla. "Este problema no tiene nada que ver conmigo y mis decisiones. No soy responsable. Así son mis hormonas—mi balance químico. Es lo que fulano o zutano me hizo". Todas estas excusas están mal a la luz de La Palabra de Dios. Tienes que aceptar tu responsabilidad, ir a la Biblia, y empezar a pensar de acuerdo a La Palabra (Is. 26:3).

La clave está en cómo piensas.

*Por medio de las cuales nos ha dado preciosas y grandísimas promesas, para que por ellas llegaseis a ser participantes de la naturaleza divina, habiendo huido de la corrupción que hay en el mundo a causa de la concupiscencia.*

2 Pedro 1:4

Por medio del conocimiento de Dios nos han sido dadas preciosas y grandísimas promesas. La Palabra de Dios es el conocimiento de Dios. Nos convertimos en participantes de la naturaleza divina de Dios y escapamos de la corrupción, que existe en el mundo debido a la codicia, por el conocimiento de Dios—no por rogarle a Dios en la oración ni suplicarle que actúe. Debes corregir tu forma de pensar (Pr. 23:7).

## ¿DE QUÉ ESTÁ LLENA TU MENTE?

No puedes ser tentado con algo que no está en tu mente.

*Si hubieran estado pensando en aquella patria de donde habían emigrado, habrían tenido oportunidad de regresar a ella.*

Hebreos 11:15 NVI®

Este versículo habla de Abraham y Sara. Ellos vivían en Ur de los Caldeos, que se localizaba en el área de Babilonia. Dios les dijo que salieran de allí y que se fueran a la tierra que ahora llamamos Israel. Les dijo que un día heredarían esa tierra. Abraham de hecho entró a la tierra prometida cuando tenía cerca de 75 años. Él vivió hasta los 175 años, y nunca heredó la promesa en vida. Tuvo que comprar un terreno en esa tierra para enterrar a su esposa, y no fue sino hasta después de varias generaciones que los Israelitas tomaron posesión de esa tierra.

¿Cómo se mantuvo Abraham fiel a la promesa de Dios—la palabra que Dios le dio—a través de todos esos años? Hebreos 11:5 dice que si hubiesen estado pensando en la patria de la que salieron habrían tenido oportunidad de regresar. Para ellos, una oportunidad de regresar a Ur de los Caldeos habría sido una tentación para pecar. Habría sido rebelión en contra de Dios si hubieran regresado a su tierra natal. La oportunidad para pecar—la tentación—estaba relacionada con lo que pensaban.

Si tú piensas en cosas que te tientan, entonces una oportunidad para pecar vendrá. Pero si te niegas a pensar en cosas que generen tentación, no serás tentado. ¡Ésas son buenas noticias! Ésta es otra manera de decirlo: No puedes ser tentado con lo que no piensas.

Nuestra cultura nos ha convencido que tenemos que estar "informados" sobre toda la basura, podredumbre, y perversión de lo que pasa en el mundo. La Palabra de Dios nos enseña algo diferente.

*Quiero que seáis sabios para el bien, e* **ingenuos** *para el mal.*
Romanos 16:19

Debemos ser ingenuos—ignorantes—del mal. El Señor no quiere que seamos expertos en estas cosas. La tentación original a la que Eva y Adán sucumbieron fue el deseo de saber más—de conocer el bien y el mal. Dios ya les había dado el conocimiento que necesitaban. Todo lo que les dijo era bueno. Dios no quiere que conozcamos el mal.

Sin embargo, hoy en día sentimos que necesitamos conocer toda clase de cosas malas—lo que todos los demás están haciendo. Al hacerlo, te expones a la tentación. No puedes ser tentado con aquello en lo que no piensas. Necesitamos ganar la batalla por nuestra mente. Necesitamos dejar de exponernos a toda la basura que Satanás nos está ofreciendo a través del mundo, y llegar al punto donde todo lo que hacemos es pensar en La Palabra de Dios. Si La Palabra de Dios es lo único en lo que meditamos, entonces La Palabra de Dios será lo único con lo que seremos tentados. Así funciona.

## UN INGENUO EN NUEVA YORK

Soy un ejemplo viviente de esta verdad en acción. Crecí en un hogar Cristiano, y creía lo que me decían. No recuerdo haber escuchado mucho sobre el adulterio, la fornicación, o la inmoralidad sexual, excepto que eran cosas malas. Así que en realidad nunca pensé al respecto.

Cuando tenía 18 años, mi mamá me llevó a una conferencia de la organización de Billy Graham para jóvenes en Bern, Suiza. Como estábamos viajando en grupo, me quedé con varios muchachos mientras que mi mamá se quedó con las mujeres. Nuestra primera parada fue en la ciudad de Nueva York. En este viaje me desprendieron de mi ambiente controlado y me pusieron en el centro de una ciudad muy perversa. Fui expuesto a cosas que nunca había visto o escuchado con anterioridad. Ni siquiera sabía que esas cosas existían. Pero como era ingenuo, no fui tentado.

Recuerdo que estaba caminando cerca de la esquina de la calle 42 y Broadway, donde había una fila de cerca de cien mujeres a lo largo de una pared. Yo no tenía ni idea de qué estaban haciendo allí. No se me ocurrió nada. Ni siquiera me pregunté por qué estaban allí. Sólo pensé: "¡Qué oportunidad tan buena!" Así que saqué unos folletos para evangelizar y empecé a pasarlos en la fila y a predicar La Palabra a cada una de estas mujeres. No sabía qué eran o por qué estaban paradas ahí, así que no fui tentado. Ahí estaba yo en las calles del centro de la ciudad de Nueva York a las dos de la mañana evangelizando a la gente. Nunca había visto tanta gente en mi vida. Como yo era un provinciano de Texas, estaba muy sorprendido.

En esas estaba yo, cuando un hombre se me acercó y empezó a hablarme con un lenguaje callejero. Yo no sabía de qué me estaba hablando. Ninguno de mis conocidos hablaba de esa manera. Este tipo estuvo durante unos diez minutos tratando de venderme algo, pero yo no pude entender del todo lo que estaba tratando de decirme. Finalmente me miró con desconcierto, levantó sus manos, y se marchó moviendo la cabeza. Probablemente se preguntaba: "¿De qué cerro bajo este provinciano?"

De regreso en el hotel, les conté a mis compañeros de cuarto algunas de las cosas que este tipo había dicho. Tuvieron que explicarme que se trataba de un alcahuete que había estado tratando de venderme una prostituta. Yo era tan ingenuo, que nunca supe de qué se trataba; no sabía que eso pudiera existir; no era consciente de la terminología; por lo tanto, no fui tentado.

## PUEDES GANAR

¿Eres alguien que tiene que pelear en contra de la tentación con uñas y dientes? ¿Estás resistiendo con los puños apretados, y no entiendes por qué es tan difícil vivir para Dios? Es porque permites que toda esa basura te contamine. Estás tratando de reprender la codicia, la adicción al sexo, y la pornografía practicando la "guerra espiritual" en contra de estos demonios, pero te expones a escuchar y ver estas cosas todos los días en la televisión donde se promueve el pecado.

Los programas de televisión de hoy en día, te van a exponer, en el lapso de una hora, a más sexo del que tus bisabuelos vieron durante toda su vida. Aunque encuentres un show decente, los comerciales te matarán. Las revistas y los periódicos, en general, no son mejores; muestran toda clase de nudismo y contenido sexual. Los medios masivos de comunicación nos bombardean por todos lados.

Lo triste es que la mayoría de los Cristianos permiten que estas cosas entren en sus hogares; permiten que sus hijos las vean, y luego se preguntan por qué están teniendo problemas. Están practicando la "guerra espiritual" y la "intercesión" para que sus hijos sean personas santas cuando crezcan, y al mismo tiempo le permiten a Satanás que deposite su perversión y su incredulidad en ellos. Al diablo le encanta que los padres usen la televisión como niñera para no tener que poner atención a sus hijos.

Hemos permitido cosas como estas en nuestras vidas y nos preguntamos: ¿Por qué tengo tanta tentación? ¿Por qué es tan difícil vivir la vida Cristiana? Es difícil porque Satanás nos ataca a través de nuestra manera de pensar. Él no te puede hacer nada sin tu consentimiento y cooperación. Debemos empezar a seleccionar lo que permitimos que llegue a nuestros ojos, oídos, y corazones.

Tu vida se encaminará en la dirección de tus pensamientos más dominantes. No permitas que la basura de este mundo llene tu mente. Puedes ganar esta pelea, pero debes ¡pelear para ganar!

# CONCLUSIÓN

Ahora que te das cuenta de las dinámicas espirituales que están detrás de lo que sucede en el ámbito físico, reconoces que verdaderamente ¡estamos en una batalla espiritual! Comprendes la importancia espiritual de tus elecciones, tus palabras, y tus acciones. Y reconoces que el campo de batalla está en tu mente. A quien te sometes—Dios o Satanás—es a quien le das poder para obrar en y a través de tu vida (Ro. 6:16). Por lo tanto, ¡sométete a Dios, resiste al diablo—y éste huirá de ti (Stg. 4:7)!

Yo oro para que esta nueva comprensión te motive para meditar a diario en estas verdades de La Palabra de Dios. Permite que penetren tu corazón y que renueven tu mente. Entonces podrás tener los pensamientos de Dios, hablar Su Palabra, y actuar en fe. Descubrirás más de las leyes de Dios y de cómo cooperar con ellas. Conforme asumas la responsabilidad para ejercer la autoridad que Dios te dio, disfrutarás más y más de la vida abundante que Jesucristo te dio a través de Su muerte y resurrección.

# Recibe a Jesucristo Como tu Salvador

¡Optar por recibir a Jesucristo como tu Señor y Salvador es la decisión más importante que jamás hayas tomado!

La Palabra de Dios promete: **"Si confesares con tu boca que Jesús es el Señor, y creyeres en tu corazón que Dios le levantó de los muertos, serás salvo"** (Ro. 10:9-10). **"Todo aquel que invocare el nombre del Señor, será salvo"** (Ro. 10:13).

Por su gracia, Dios ya hizo todo para proveer tu salvación. Tu parte simplemente es creer y recibir.

Ora con voz alta: **"Jesús, confieso que Tú eres mi Señor y mi Salvador. Creo en mi corazón que Dios te levantó de entre los muertos. Por fe en Tu Palabra, recibo ahora la salvación. "¡Gracias por salvarme!"**

En el preciso momento en que entregaste tu vida a Jesucristo, la verdad de Su Palabra instantáneamente se lleva a cabo en tu espíritu. Ahora que naciste de nuevo, hay un Tú completamente nuevo.

# Recibe al Espíritu Santo

Como Su hijo que eres, tu amoroso Padre Celestial quiere darte el poder sobrenatural que necesitas para vivir esta nueva vida.

*Todo aquel que pide, recibe; y el que busca, halla; y al que llama, se le abrirá...Si vosotros...sabéis dar buenas dádivas a vuestros hijos, ¿cuánto más vuestro Padre celestial dará el Espíritu Santo a los que se lo pidan?*

Lc. 11:10,13

¡Todo lo que tienes que hacer es pedir, creer y recibir!

Ora: **"Padre, reconozco mi necesidad de Tu poder para vivir esta nueva vida. Por favor llename con Tu Espíritu Santo. Por fe, ¡lo recibo ahora mismo! Gracias por bautizarme. Espíritu Santo, eres bienvenido a mi vida".**

¡Felicidades! ahora estás lleno del poder sobrenatural de Dios. Algunas sílabas  de un lenguaje que no reconoces surgirán desde tu corazón a tu boca (1 Co. 14:14). Mientras las declaras en voz alta por fe, estás liberando el poder de Dios que está en ti y te estás edificando en el espíritu (1 Co. 14:14). Puedes hacer esto cuando quieras y donde quieras.

Realmente no interesa si sentiste algo o no cuando oraste para recibir al Señor y a Su Espíritu. Si creíste en tu corazón que lo recibiste, entonces La Palabra de Dios te asegura que así fue. **"Por tanto, os digo que todo lo que pidiereis orando, creed que lo recibiréis, y os vendrá"** (Mr. 11:24). Dios siempre honra Su Palabra; ¡créelo!

Por favor, escríbeme y dime si hiciste la oración para recibir a Jesús como tu Salvador o para ser lleno del Espíritu Santo. Me gustaría regocijarme contigo y ayudarte a entender más plenamente lo que ha sucedido en tu vida. Te enviaré un regalo que te ayudará a entender y a crecer en tu nueva relación con el Señor. "¡Bienvenido a tu nueva vida!"

# Otras Publicaciones
## de Andrew Wommack

## Espíritu, Alma y Cuerpo

El entender la relación entre tu espíritu, alma y cuerpo es fundamental para tu vida Cristiana. Nunca sabrás en realidad cuánto te ama Dios o creerás lo que Su Palabra dice sobre ti hasta que lo entiendas. En este libro, aprende cómo se relacionan y cómo ese conocimiento va a liberar la vida de tu espíritu hacia tu cuerpo y tu alma. Puede inclusive explicarte por qué muchas cosas no están funcionando de la forma que esperabas.

Código del artículo: 701

Título en inglés: *Spirit, Soul and Body*
ISBN: 1-59548-063-3

## El Nuevo Tú

Es muy importante entender lo que sucedió cuando recibiste a Jesús como tu Salvador. Es la clave para evitar que La Palabra que fue sembrada en tu corazón sea robada por Satanás. La enseñanza de Andrew provee un fundamento sólido de las Escrituras que te ayudará a entender. La salvación es sólo el inicio. Ahora es tiempo de ser un discípulo (aprender de Él y seguirlo). Jesús enseñó mucho más que sólo el perdón de pecados; Él trajo al hombre a una comunión con el Padre. Desde la perspectiva de Dios, el perdón de los pecados es un medio para alcanzar un objetivo. La verdadera meta es tener comunión con Él y ser más como Jesús.

Código del artículo: 725

# El Espíritu Santo

¡Aprenda por qué el bautismo del Espíritu Santo es una necesidad absoluta! Vivir la vida abundante que Jesús proveyó es imposible sin esto. Antes de que los discípulos de Jesús recibieran al Espíritu Santo, eran hombres débiles y temerosos. Pero, cuando fueron bautizados con el Espíritu Santo en El día de Pentecostés, cada uno se volvió un poderoso testigo del poder milagroso de Dios. En Hechos 1:8 Jesús nos dice que el mismo poder está disponible para nosotros.

Código del artículo: 726
ISBN: 1-59548-053-6

# La Gracia, el Poder del Evangelio

Encuestas recientes indican que la mayoría de los Cristianos, aquellos que aseguran ser renacidos, creen que su salvación depende por lo menos en parte de su comportamiento y de sus acciones. Sí, creen que Jesús murió por su pecado, pero ya que lo han aceptado como su Salvador creen que aún deben cubrir ciertos estándares para ser lo suficientemente "buenos". Si eso es verdad, entonces ¿cuál es el estándar y cómo sabes que ya lo cumpliste? La iglesia ha tratado de contestar estas preguntas por siglos y el resultado siempre ha sido una esclavitud religiosa y legalista. Entonces, ¿cuál es la respuesta? Se debe empezar por hacer la pregunta correcta. No es: "¿Qué debemos hacer? Más bien: "¿Qué hizo Jesús?" Este libro te ayudará a entender, por medio del libro de Romanos, la revelación del Apóstol Pablo de lo que Jesús hizo, nunca más preguntarás si estás cumpliendo con el estándar.

Código del artículo: 731
ISBN 978-1-59548-094-1

Título en Inglés: *Grace, The Power Of The Gospel*
ISBN: 978-1-57794-921-3

# La Guerra Ya Terminó

El Conflicto de mayor duración en la historia de la humanidad duró 4000 años y culminó con una victoria absoluta hace casi 2000 años. Aun así, muchos todavía no han escuchado estas noticias y continúan peleando la batalla—la batalla en contra del pecado y del juicio. En la cruz Jesucristo dijo: "Consumado es", se proclamó la victoria, y la reconciliación comenzó. Ésta era la victoria que se prometió cuando Jesucristo nació y los ángeles declararon: "¡Gloria a Dios en las alturas, y en la tierra paz, buena voluntad para con los hombres!" La paz de la que Él habló no era la paz entre los hombres, sino la paz entre Dios y la humanidad. El pecado ya no es el problema; el precio ha sido pagado de una vez por todas. ¿Fue Su sacrificio suficiente para ti? ¿Crees que Dios está restringiendo Su bendición y que la razón es tu pecado? Las respuestas que encontrarás en este libro te liberarán de la condenación y el temor. ¡Te liberarán para que recibas las promesas anunciadas por Dios!

Código del artículo: 733 ISBN 978-1-59548-119-1

Título en Inglés: *The War Is Over*
ISBN 13:978-1-57794-935-0

# Acerca del Autor

Por más de tres décadas Andrew ha viajado por los Estados Unidos y por el mundo enseñando la verdad del Evangelio. Su profunda revelación de La Palabra de Dios es enseñada con claridad, simplicidad, enfatizando el amor incondicional de Dios y el equilibrio entre la gracia y la fe. Llega a millones de personas a través de sus programas diarios de radio y televisión *La Verdad del Evangelio*, transmitidos nacional e internacionalmente.

Fundó la escuela *Charis Bible College* en 1994 y desde entonces ha establecido extensiones del colegio CBC en varias ciudades principales de América y alrededor del mundo. Andrew ha producido una colección de materiales de enseñanza, disponibles en forma impresa, en formatos de audio y video. Y, como ha sido desde el inicio, su ministerio continúa proporcionando cintas de audio y CDS gratuitos a todos aquellos que no pueden adquirirlos.

# La Verdadera Autoridad Espiritual Revelada

EL CONTROVERSIAL TEMA de la autoridad del creyente en Cristo se discute extensamente en la iglesia hoy. Andrew Wommack, maestro de la Biblia reconocido internacionalmente nos trae una nueva perspectiva sobre esta importante verdad espiritual que podría poner a prueba todo lo que has aprendido, por ejemplo:

- ¿Si se les ha dado autoridad a los creyentes, entonces cuándo, cómo, y sobre qué se debería ejercer esa autoridad? No adivines la respuesta; descubre el verdadero campo de batalla y aprende a reconocer al verdadero enemigo.

- La mayoría de la gente cree que Dios creó a nuestro enemigo, Satanás, pero ¿sí lo hizo? Comprender esta respuesta te liberará para ejercer tu autoridad como creyente.

- ¿Es válida la guerra espiritual como se enseña en muchas iglesias hoy? ¿Pueden los creyentes usar su autoridad para pelear contra el diablo y sus demonios en el aire, o la verdadera batalla está en la mente? La respuesta es un requisito importante para ganar las batallas espirituales.

Al escudriñar Las Escrituras, Andrew revela la importancia espiritual de tus decisiones, tus palabras, y tus acciones y cómo afectan tu capacidad para enfrentar los ataques de Satanás y para recibir lo mejor de Dios. Descubre las poderosas verdades encerradas en la verdadera autoridad espiritual y empieza a ver verdaderos resultados.

# Andrew Wommack

El ministerio de Andrew Wommack, autor y maestro dedicado a la enseñanza de la Biblia durante los últimos cuarenta años, llega a millones de personas a través de los programas diarios de radio y televisión "La Verdad del Evangelio" y de la escuela Charis Bible College, ubicada en Colorado Springs, Colorado, E.U.A.

Andrew Wommack Ministries
P.O. Box 3333
Colorado Springs, CO 80934-3333
www.awmi.net

Item: 735

9 781595 481368